JN156911

教育勅語を読んだことのないあなたへ

なぜ何度も話題になるのか

佐藤広美＋藤森 毅

新日本出版社

はじめに

藤森　毅

この本は、教育勅語の一語一語をわかりやすく読めるようにと思い書いたものです。また、その波乱にみちた歴史を面白く伝えたいとも思いました。なぜそんな本を書こうと思ったのか。そのなりゆきを執筆者の一人（藤森）が書き、前書きとします。

教育勅語は戦前の教育のシンボルです。そこには「一旦緩急アレバ義勇公ニ奉ジ」とあり、いざという時は〝お国の為に血を流せ〟と子どもたちに教えもしました。ただし、戦争に負けた日本は民主主義の国になり、国家としてはもう「おしまい」となった文書です。だったら、もういいだろうという話なのですが、そうでもないのです。ここ数年、大臣たちの〝教育勅語はいいものだ〟という発言がふえています。安倍首相夫人が名誉園長をつとめ、八億円の国有地値引きで問題となった森友学園・塚本幼稚園では、園児たちが教育勅語を毎朝諳んじていました。

こうした事態に対応するため、私（藤森は日本共産党の教育政策の担当者）は教育勅語をあらためて調べ始めました。そして、強い思いにたどりつきます。どんな立場の人でも、日本の歴史の事実として、教育勅語の一語一語の意味をよく知っておいた方がいいのではないか、という思いに。

日の丸を林立させて……ということではないけれども、教育勅語はそんなに悪いものでもないと思っている人々がいます。「〝夫婦相和シ〟とかいいことが書いてある」「道徳は大事」と考えてのことです。私は、そういう人たちに「〝一旦緩急アレバ〟と書いてある」と申し上げても、気持ちがすれちがうだけで終わることをおそれます。

「夫婦相和シ」も「一旦緩急」も、全部ふくめて教育勅語を目の前にして、「ここはこういう意味で、あそこはこういう意味で」と話をすすめれば、少し建設的になるのではないか。そういう道がいい。そう思ったわけです。

日本人は戦争の記憶を語り継ぎ、平和の尊さを伝えあってきました。その歴史は、〝知りたい〟と思える多くのドラマにみちています。そのなかで教育勅語も、もっとうまく伝えられるのではないか。本書は、その試みです。少しでも成功していることを祈ります。

しかし、教育勅語について素人の私だけで出来る仕事ではありません。それで、教育の仕事を通じて知り合った佐藤広美・東京家政学院大学教授にヘルプをお願いしたところ、快諾いただき、企画が進みました。
佐藤さんは、日本教育思想史が専門ですが、3・11後に福島へ、さらに水俣にと、人々の堪え難い苦しみを考えるフィールドワークを始められていました。その仕事をくくるのは「人間的モラル」（大江健三郎）だと、自ら語られていたのを思い出しての申し出です。

本書は、とにかく原文を読んでその一つひとつの意味がわかるようにした1章を冒頭に置きました。あとは勅語にまつわる歴史です。誰が書いたのか？（2章）、どのように徹底されどんな人が抵抗したのか（3章）、戦後の排除・失効の経過（4章）、意外にも史上最大の勅語論争となった二〇一七年の国会審議（5章）。巻末に資料もつけました。
執筆は、3章以外は私の分担となりましたが、歴史に関する部分は佐藤広美さんの助言がなければ、とうていおぼつかなかったと思われます。執筆者が執筆者に御礼を言うのもへんな話ですが、事実がそういうことですから、ここに謝意を記します。

幸か不幸か、今後も少なくともしばらくの期間、話題になるだろう教育勅語。本書が、その世界を知る一助となることを願います。

目　次

第1章　教育勅語を読んでみよう

（1）315字の短文は三段に分かれている

教育勅語（正式名称は「教育ニ関スル勅語」）は、短いことがとりえといえば、とりえです。全文たったの三一五文字、ふつうならさっと読める字数です。

そうはいっても相手は明治時代の公文書、やはり曲者(くせもの)です。句読点が一つもなく文の区切りがわかりません。濁音記号を使わず、「我カ」と書いて「我ガ」と読ませたりします。読み方がわからない昔の漢字、あるいは意味不明の言葉もたまにでてきます。逆にいえば、そのあたりをクリアすれば、それなりに読むことができます。

そこで、漢字にフリガナをつけ、文節の切れ目に全角のスペース、文の切れ目に「／」（斜め線）をいれ、やや意味不明の単語には用語解説をつけました。カタカナは雰囲気をのこすために濁音記号はつけずそのままにしました。前後の流れでご判断ください。なお、地の文で部分的に引用するときには濁音記号をつけ、旧漢字は新漢字にします。

そして、教育勅語は三つのパーツでできています。昔の教科書も一段目、二段目、三段

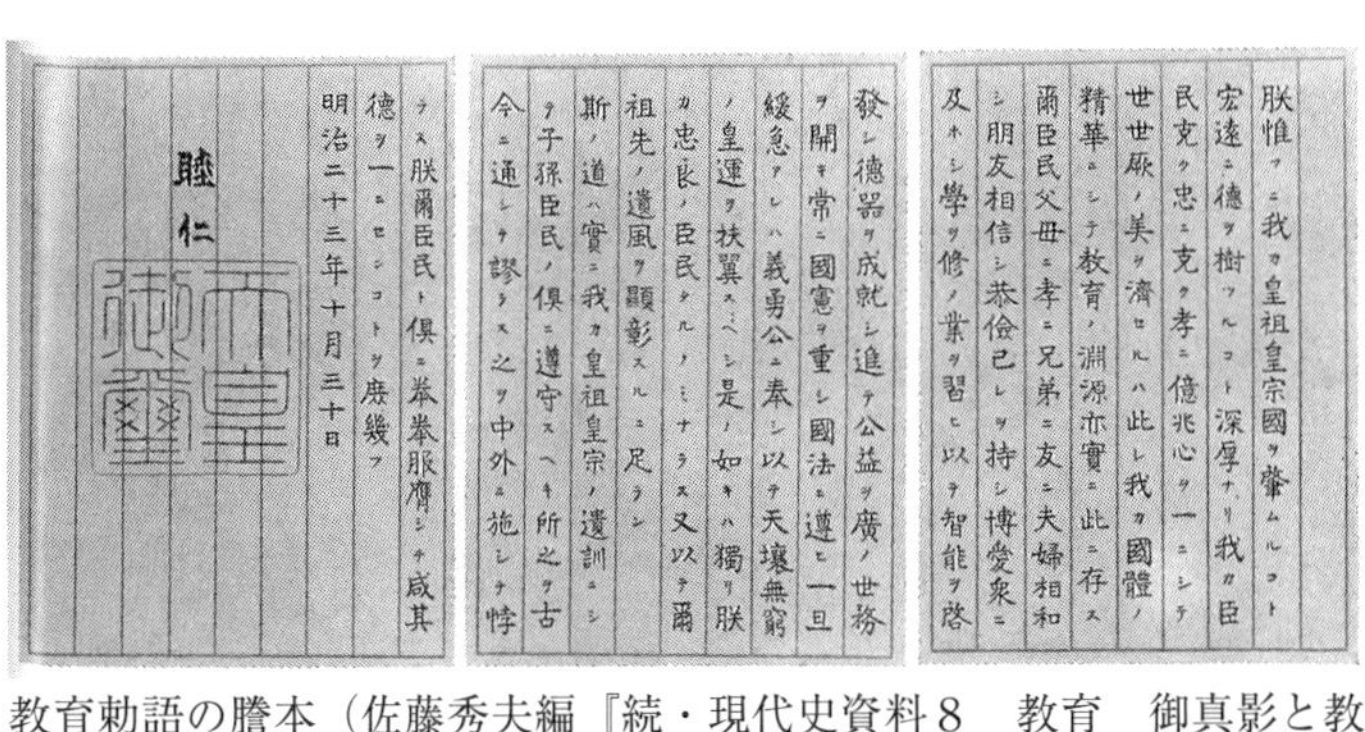

朕惟フニ我カ皇祖皇宗國ヲ肇ムルコト宏遠ニ德ヲ樹ツルコト深厚ナリ我カ臣民克ク忠ニ克ク孝ニ億兆心ヲ一ニシテ世世厥ノ美ヲ濟セルハ此レ我カ國體ノ精華ニシテ教育ノ淵源亦實ニ此ニ存ス爾臣民父母ニ孝ニ兄弟ニ友ニ夫婦相和シ朋友相信シ恭儉己レヲ持シ博愛衆ニ及ホシ學ヲ修メ業ヲ習ヒ以テ智能ヲ啓發シ德器ヲ成就シ進テ公益ヲ廣メ世務ヲ開キ常ニ國憲ヲ重シ國法ニ遵ヒ一旦緩急アレハ義勇公ニ奉シ以テ天壤無窮ノ皇運ヲ扶翼スヘシ是ノ如キハ獨リ朕カ忠良ノ臣民タルノミナラス又以テ爾祖先ノ遺風ヲ顯彰スルニ足ラン

斯ノ道ハ實ニ我カ皇祖皇宗ノ遺訓ニシテ子孫臣民ノ倶ニ遵守スヘキ所之ヲ古今ニ通シテ謬ラス之ヲ中外ニ施シテ悖ラス朕爾臣民ト倶ニ拳拳服膺シテ咸其德ヲ一ニセンコトヲ庶幾フ

明治二十三年十月三十日

睦仁

天皇御璽

教育勅語の謄本（佐藤秀夫編『続・現代史資料8　教育　御真影と教育勅語Ⅰ』〔みすず書房、1994年〕から引用）

目と三つにわけて教えていました。むずかしいものの攻略法の一つはパーツにばらして攻めていくことですが、教育勅語も三つの段にわけて現代語に訳しながら読んでいきたいと思います。※読み終わったさいごには原文と口語訳の一覧表をつけました。「いきなりそこを読もうと思った人は誰だ?」などといいません。お急ぎの方はそこからどうぞ。

※現代語に訳すにあたっては、当時使われていた以下の公的なものを参考にしました。

①『修身』の教科書（児童生徒用と教師用）。それぞれの時期のものがあるが、大きな変化はない。修身は戦前の教科で戦後の道徳に相当。

②文部省発行の『国体の本義』（一九三七年）。随所で教育勅語にふれている。

③同じく『臣民の道』（一九四一年）。戦時下を意識してより過激になるが、趣旨は②と同じ。本

書は基本的に②を引用。

④井上哲次郎『勅語衍義』(一八九一年)。教育勅語が出された直後、たくさんの解説書がでたが、これは当時の文部大臣の依頼で書かれ、多くの学者・有識者に回覧して意見を求め刊行。師範学校(戦前の教員養成学校)、中学校などで修身教科書として使われた。

なお、引用する際は、漢字やかな使いなどの表記を改め、読みやすくしました。

(2) 国も道徳も天皇がつくった?

(原文)

朕惟フニ　我カ皇祖皇宗　國ヲ肇ムルコト宏遠ニ　徳ヲ樹ツルコト深厚ナリ／我カ臣民克ク忠ニ克ク孝ニ　億兆心ヲ一ニシテ　世世厥ノ美ヲ濟セルハ　此レ我カ國體ノ精華ニシテ　教育ノ淵源　亦實ニ此ニ存ス

朕……天皇のみが使用を許された一人称。わたし。

（用語解説）

皇祖皇宗……天皇の先祖たち。皇祖は天照大神（あまてらすおおみかみ）をさす。

宏遠……広大で遠大。

臣民……君主国で君主に支配されている人民。大日本帝国憲法下では天皇と皇族以外の人々。

世世……代々。

國體……国体。国柄の意味。くわしくは文中参照。

精華……美しい真髄。

淵源……根源、物事のみなもと。

書き出しの「朕惟フニ」はよく知られたフレーズです。「朕」とは、天皇だけに使用が許されていた一人称「わたし」のことで、ここでは明治天皇のことです。明治天皇が〝わたしが思うに……〟と家来である国民（「臣民」）に与えたのが教育勅語です。勅語というのは戦前の言葉で、天皇が口頭で行う意思表示のことですが、教育勅語のように、あらかじめ文章化されたものもあります。

さて第一段は二つの文からできています。

前半の文は、〝天皇の先祖（「皇祖皇宗」）が日本国をはじめたことは広大で遠大なスケールのことで、道徳を打ち立てたことは深く厚いことだ〟と述べます。これは神話をもとにした話です。

神話のあらすじは、男神・イザナギと女神・イザナミが性交して日本列島を産み、山川、草木を産み、さらに天照大神を産み、その天照大神が自分の孫＝瓊瓊杵尊を遣わし（高千穂への天孫降臨）、日本（「豊葦原千五百秋之瑞穂国」）を治めよと「神勅」を下した。その子孫が代々の天皇なのだというものです。神話には道徳のことは出てきませんが、日本列島まで産んだ神の子孫だから道徳もつくって当然というところでしょうか。

専門家によれば、天孫降臨の原型は、東南アジアなどにひろく存在する「穀霊信仰」＝その天よりの降下だそうです。※ そう聞くと人類はつながっているなぁと思いますが、その神話が本当のことで、その子孫がこの国も道徳もぜんぶつくったとなると、話は穏やかではありません。

※直木孝次郎『神話と古事記・日本書紀』など。付け加えれば、「古事記」や「日本書紀」は、奈良時代の編纂のため、古来からあった多様な神話から、天皇に結びつけるような潤色、題材の取捨選択と一定の改造があったといわれています。

それがはっきりするのが後半の文です。そこで言われていることは、臣民の忠孝（「忠ニ孝ニ」）が日本という国の国柄の真髄（「国体ノ精華」）であり、そこに日本の教育の源がある、ということです。

この主張のいちばんのポイントは「国体」です。今、国体というと国民体育大会のことですが、もちろんその国体ではありません。当時「國體」と書かれていた「国体」は、戦前の日本人の心をしばった、魔術のような言葉でした。

戦前の文部省は「国体」をこう定義していました。


「大日本帝国は、万世一系の天皇皇祖の神勅を奉じて永遠にこれを統治し給ふ。これ、我が万古不易の国体である。」（文部省、『国体の本義』、一九三七年）

国体とは、〝天皇が永遠に統治する国〟のことです。となれば、そこで暮らす国民は、永遠に天皇に奉仕する臣民となります。「我等は、生まれながらにして天皇に奉仕し、皇国の道を行ずる（ぎょう）ものであって、我等臣民のかかる本質を有することは、全く自然に出（い）づるのである」（同前）という具合です。

この「天皇＋それに奉仕する臣民」という国のあり方は、どうみても民主主義の国のあり方ではありません。今なら「おかしくない？」とツッコミがはいるところですが、当時はむしろ日本人の優秀さとして自慢の種でした。「我ら臣民は、西洋諸国におけるいわゆる人民と全くその本性を異にしている。君主と対立する人民とか、人民先ずあって、その人民の発展のため幸福のために、君主を定めるといふが如き関係ではない」（同前）。そんなふうに七十数年前まではいわれていました。

次のポイントは忠孝（「忠ニ孝ニ」）です。

忠孝は封建制の時代からのものですが、教育勅語での忠は時代劇にでてくるような武士の忠義とはだいぶ違っています。文部省は忠を次のように定義していました。

「忠は、天皇を中心とし奉り、天皇に絶対随順する道である。絶対随順は、我を捨て私を去り、ひたすら天皇に奉仕することである。この忠の道を行ずることが我等国民の唯一の生きる道であり、あらゆる力の源泉である」「実に忠は我が臣民の根本の道であり、我が国民道徳の基本である。」（同前）

教育勅語の忠は江戸時代のように自分のお殿様にではなく、天皇にひたすら従ってさからわないことでした。また、孝よりも忠の方が根本的なのだ、ともされていました。なぜそうなのかは、本文をひと通り読んだうえでまとめてふれます。

臣民が天皇にひたすら奉仕するのが、日本という国の国柄であり、ここに教育の一番の源がある――これが教育勅語全体をつらぬいている考え方です。第一段は、教育勅語の基本的考え方を言い尽くしたものといえます。

第二段――一二の徳目はすべて「皇運」のために

（原文）

爾臣民　父母ニ孝ニ　兄弟ニ友ニ　夫婦相和シ　朋友相信シ　恭儉己レヲ持シ　博愛衆ニ及ホシ　學ヲ修メ業ヲ習ヒ　以テ智能ヲ啓發シ　徳器ヲ成就シ　進テ公益ヲ廣メ世務ヲ開キ　常ニ國憲ヲ重シ國法ニ遵ヒ　一旦緩急アレハ義勇公ニ奉シ　以テ天壤無窮ノ皇運ヲ扶翼スヘシ／是ノ如キハ　獨リ朕カ忠良ノ臣民タルノミナラス　又以テ爾祖先ノ遺風ヲ顯彰スルニ足ラン

恭儉……恭はつつしむこと、儉は心をひきしめること。

徳器……徳と器量。

世務……世の中で有用の業務。

國憲……国の根本法。大日本帝国憲法と皇室典範（皇室に関する規定。当時は憲法と同格だった）。

緩急……緊急事態。

公……皇室国家（現在の公と異なる）。

天壌無窮……天地とともに極まりない。

皇運……皇位（天皇の地位）の権勢、繁栄（当時は「宝祚の御栄」ともいった。宝祚は皇位のこと）。

扶翼……助けること。


（用語解説）

第二段は、〝お前たち臣民よ〟（「爾臣民」）という呼びかけではじまり、臣民に徳目を告げる部分です。

この第二段も二つに分かれています。

前半は、「父母ニ孝ニ」から「一旦緩急アレバ義勇公ニ奉ジ」までの多くの徳目を列挙している長文で、よく引き合いに出されるところです。あげられた徳目は分け方によって数は変わりますが、一応ここでは次のような一二の項目に分類してみます。

①父母ニ孝ニ……親孝行し

②兄弟ニ友ニ……兄弟仲良く
③夫婦相和シ……夫婦仲良く
④朋友相信ジ……友人は信じあい
⑤恭儉己レヲ持シ……つつしみ心をひきしめ自分を崩さないようにし
⑥博愛衆ニ及ボシ……博愛を人々に及ぼし
⑦學ヲ修メ業ヲ習ヒ……学問を修め業務を習って
⑧智能ヲ啓發シ……知識才能を伸ばし
⑨徳器ヲ成就シ……徳と器量のある人となり
⑩進デ公益ヲ廣メ世務ヲ開キ……進んで公共の利益を広め世のためになる仕事をおこし
⑪常ニ國憲ヲ重ジ國法ニ遵ヒ……常に皇室典範と大日本帝国憲法を尊重し法令を守り
⑫一旦緩急アレバ義勇公ニ奉ジ……ひとたび緊急事態となれば大義にかなった勇気をだして一身を捧げて天皇国家のために尽くし

前半の文は、こうした一二の徳目を列挙したうえで、〝それらをもって、天地とともに極まりない天皇の繁栄を助けよ〟(「以テ天壌無窮ノ皇運ヲ扶翼スベシ」)とまとめています。

この前半の見どころは二つです。

その一つは、一二の徳目の内容です。

何より目立つのは、さいごの⑫「一旦緩急アレバ義勇公ニ奉ジ」でしょう。大変なことがおきたら、みんなのためにがんばる？　残念ながらそうした今にも通じるような意味ではありません。「公ニ奉ジ」の「公」は、今日の公共という意味ではなく、「皇室国家」のことだと、次のように明示されていました。

「公ニ奉シ　皇室国家のために尽くすことである。」〔初等科修身四〔第六学年〕教師用昭和十八年度以降使用開始〔国定第五期〕〕

「おおやけ」は、古くは「大宅（おおやけ）」（大きな家）で、皇居・天皇・朝廷などを意味し、転じて現在は公共などの意味を持つようになった言葉です。「一旦緩急アレバ義勇公ニ奉ジ」とは、いったん危急の事態がおきたら、皇室国家のために身を捧げよということです。公式の解説書『勅語衍義』は、「世に愉快なること多きも、真正の男子にありては、国家のために死するより愉快なることなかるべきなり」と解説しました。要するに「お国のために血を流せ」ということです。

徳目のなかには「父母ニ孝ニ」とか「夫婦相和シ」とか今日でも通用しそうな部分もありますが、調べてみると、じつは相当問題のある内容でした。このことは、一通りさいごまで読んでから立ち返る〝宿題〟としましょう。

二つ目の見どころは、一二の徳目がすべて、「以テ天壌無窮ノ皇運ヲ扶翼スベシ」と、天皇の繁栄を助けるためのものとなっていることです。親孝行も夫婦仲良くも、何もかも、それ自体の価値というより、天皇の繁栄を助けるところに決定的な価値があるという考え方です。それは教育勅語の道徳の位置づけを端的に示していると思います。

前半がだいぶ長くなりましたが、後半は、〝以上のことを行うことは（「是ノ如キハ」）、ただ君たちが忠良な臣民であるということにとどまらず、君たちの祖先が残し伝えてきた美しい風習を広く世間にあらわすこと（「顕彰」）なのだ〟と述べています。一二の徳目を守ることは、みなさんがいい臣民だということにとどまらず、みなさんの先祖のためでもあるのですよ、という念押しです。

第三段――この道徳は「皇祖皇宗」からの永遠のもの

（原文）
斯ノ道ハ　實ニ我カ皇祖皇宗ノ遺訓ニシテ　子孫臣民ノ倶ニ遵守スヘキ所　之ヲ古今ニ通シテ謬ラス　之ヲ中外ニ施シテ悖ラス／朕　爾臣民ト倶ニ　拳拳服膺シテ　咸其徳

ヲ一ニセンコトヲ庶幾フ

（用語解説）

子孫……この場合、皇祖皇宗の子孫で明治天皇のこと。

中外……わが国と外国。

拳拳服膺……人の言葉を心にしっかりとどめること。拳々は両手でうやうやしく持つ様子、服膺は胸につける（「服」はつける、「膺」は胸）。

咸……みんな。

第三段は「斯ノ道ハ」からさいごまでの部分です。「斯ノ道」とは第二段の一二の徳目などをさします。〝前段で述べた道は、天皇の祖先たち（「皇祖皇宗」）が定めたものだから、皇祖皇宗の「子孫」＝天皇も臣民もともに守るべきものだ〟とし、〝この道は昔も今も永久に間違いがなく、国の内外（「中外」）に適用しても正しい道だ〟と言います。後の話ですが、国外への適用という点では、日本は台湾、朝鮮などの植民地で教育勅語の教育を行っています。

そのうえで、〝私（朕）は、お前たち臣民と一緒にこの道を心にしっかりとどめて（「拳々服膺」）、みんなでその徳を同じく身につけ実践することを切に望む〟と述べて全体をむすびます。

ここでのポイントは、勅語の内容は私、明治天皇が急に思いついたものではなく、「皇祖皇宗」が定めた永遠のものなのだと権威づけていることです。だから天皇も臣民も守るんですよという、教育勅語のさいごのダメ押しといえます。価値の中心とされた天皇も自由自在というわけでなく、「皇祖皇宗」にしばられた存在といえます。

(3)「御名御璽」と父母への「孝」

本文はこれでおわりですが、末尾にある日付と御名御璽(ぎょめいぎょじ)にもふれましょう。

日付は「明治二十三年十月三十日」。明治二三年＝一八九〇年は、大日本帝国憲法公布の翌年にあたります。その日、明治天皇は宮中に首相(山県有朋(やまがたありとも))と文部大臣(芳川顕正(よしかわあきまさ))を呼び、教育勅語を下賜(かし)しました。下賜は昔の言葉で、身分の高いものが身分の低いものに物を与えることです。

その時渡された教育勅語の原本には「御名御璽」という文字はありません。原本には

「睦仁（むつひと）」という明治天皇の名前の直筆サインと、「天皇御璽」と彫られた公印が押されています。御璽とは天皇のハンコ（品よくいえば印章）のことです。その後、全国の学校に下付された教育勅語は、原本のコピー（謄本）です。その際、天皇のサインをコピーすることは「恐れ多い」ので、「御名」に換えます。「御名御璽」は、〝もともとここには天皇のサインと天皇のハンコがあったのですよ〟という意味です。

　教育勅語の原本は、旧文部省の金庫に保管されていましたが、関東大震災のとき建物が焼失し、金庫内の原本は熱で変色してしまいます。戦後一時期、所在不明となりましたが、二〇一二年秋に上野の東京国立博物館内で発見されました。今は国立公文書館のホームページで閲覧できますが、全体が茶色で判読しにくくなっています。

「父母ニ孝ニ」はただの親孝行ではない

　さて、御名御璽まで読み通したところで、宿題にしていた「父母ニ孝ニ」や「夫婦相和シ」など、一見よさそうに見える部分を見てみましょう。

　まず「父母ニ孝ニ」ですが、この「孝」は親だけでなく、親の親、そのまた親というように祖先全体への孝を含むものでした。特筆すべきは、日本人の孝と忠とは一体のものと考えられていたことです。

「我が国においては忠を離れて孝は存せず、孝は忠をその根本としている。国体に基づく忠孝一本の道理がここに美しく輝いている」(『国体の本義』)。

要するに〝親孝行といっても天皇への忠を離れてはありえないですよ〟というのです。その背景には、「我が国は一大家族国家である」(同前)というバーチャルな発想がありました。

国家を一つの家と想定すると、天皇は親、臣民は子どもとなります。そうすると、天皇と臣民との関係は、天皇は臣民をいつくしみ、臣民は天皇を敬うという、まさに親子のような関係に見えないかということです。そうだとすれば、天皇にたいする臣民の忠という関係は、親にたいする子どもの孝という関係と同じようなものに見えてきます。永遠に天皇に奉仕することが定められた臣民は、親孝行の孝も、天皇への忠と一体のものだと感じながら行うことが求められていたわけです。ただし、複雑なシステムである国家を、血縁関係からなる家族にたとえること自体があまりに無理な話ではありますが。

「家」の思想

家についてもう一言いえば、当時は〝家は天皇への忠誠を支える基礎単位〟という考えが徹底して教えられていました。

「我が国民の生活の基本は、西洋の如く個人でもなければ夫婦でもない。それは家である。家の生活は、夫婦兄弟のごとき平面的関係だけではなく、その根幹となるものは、親子の立体的関係である。この親子の関係をもととして近親相い寄り相扶(たす)けて一団となり、我が国体にのっとって家長の下に混然融合したものが、即ち我が国の家である。」（同前）

家長―妻子という上下関係を、家族に通していく家の思想は、そういう家によって天皇に仕えるためのものでした。

しかも上下関係に貫かれた家は、「家制度」として法律（民法）に定められた現実のものでした。そこでは家長は家族の結婚の許可、居住先の指定などの法的権限を与えられ、一家を統率するとされました。女性は結婚して妻となると民法上の「無能力者」となり、夫の許可なしには、経済活動や訴訟、労働契約など多くのことができなくなりました。もちろん戦前の「家制度」は、両性の平等を定めた憲法と矛盾するとして、戦後廃止されました。

教育勅語の「父母ニ孝ニ」は、天皇への忠誠や上下関係が貫かれた封建的な家のあり方と結びついたもので、今の親孝行とは異なるものです。

(4)「夫婦相和シ」の驚く内容

両性の合意のみで成り立つ結婚で、互いに愛情で結ばれることはやはり幸せなことです。しかし教育勅語の「夫婦相和シ」は、そういうものとはずいぶん違います。

第一に、「夫婦相和シ」の目的です。「相和シ」は、「国家の一分枝たる家を平和ならしめ、又その繁栄を致す道」(文部省 師範修身書※ 巻一 昭和一三年四月三〇日)とされていました。『勅語衍義』は、もう少し言葉を足して次のように解説しました。「夫婦は一家の因りて起る所にして、実に一国の大本なるが故に、一国の治を欲するものは、家々その宜しきを得て、不和を生ずることなきを期す」。ようするに、家がガタガタしていると国家もガタガタする、それでは天皇に忠をつくせなくなる、だから仲良くせよというわけです。いま言ったら「ちょっと、だいじょうぶ?」という目的でしょう。

※師範学校で使用された「修身」の教科書。師範学校は戦前の教員養成学校。教員養成は現在のように大学で行われず、より厳重な国家の管理下におかれていました。

第二に、「夫婦相和シ」の内容です。当時の教科書の説明は、「夫婦は互いにその分を守って睦び合い扶け合わなければならない」(同前など)と、「分を守って」という言葉がついてまわっています。

「分を守る」とはどういうことでしょうか。すでに見たとおり、昔の「家制度」では夫婦には上下関係がはっきり定められていました。「分を守る」とは、夫が上で妻が下というそれぞれの分をわきまえよということです。これははっきりいって男尊女卑の夫婦観ということでしょう。公式の解説書『勅語衍義』は、明け透けにこう書いています。

「夫たるものは妻を愛撫してもってその歓心を得べく、又妻たるものは夫に柔順にして、みだりにその意思にもとらざらん〔逆らわない——引用者〕ことを務むべし」

「妻はもともと体質脆弱にして、多くは労働に耐えざるものなれば、夫はこれを憐み、力を極めてこれをたすけ、危難に遭いてはよくこれを保護すべく、また妻はもともと知識才量多くは夫に及ばざるものなれば、夫が無理非道を言わざる限りはなるべくこれに服従してよく貞節を守り、みだりに逆らうところなく……」

夫は妻を愛撫し、妻は夫の意思に逆らわないようにせよ。妻というものは体質が弱く労働に耐えられないものだ。妻というものは知識才能で夫にかなうものではない。今なら恥ずかしくてとても言えないことばかりです。さらには、体の弱い子どもを産めば、「国家の力を殺減」するから、男女とも体格がよく発達するのをまって結婚すべきだという説教までしています。

他の「徳目」も推して知るべしです。

「兄弟ニ友ニ」は、兄弟姉妹が不和だと一家の和睦を損じて国が安定しなくなるからです。「朋友相信ジ」といっても国家の政策に抵抗する友人のことは相信じてはなりません。「博愛衆ニ及ボシ」と言っても、万国への博愛ではだめで、日本を愛することを第一の義務としなければなりません。「学ヲ修メ」といっても天皇制国家に都合の悪い学問をすることはご法度でしょう。

教育勅語は一二のすべての徳目が、「以テ天壌無窮ノ皇運ヲ扶翼スベシ」のためにあると定めました。どんな道徳でも、それが天皇の繁栄を助けることになるかどうかが基準となれば、歪まざるをえないのです。

「なんちゃって口語訳」に注意

ところで、教育勅語にはさまざまな「口語訳」があります。

たとえば戦前の一九四〇(昭和一五)年二月には、文部省が青少年にわかるようにと「教育に関する勅語の全文通訳」をつくっています。これは「わが臣民がよく忠にはげみよく孝をつくし」が「我が国柄の精髄(せいずい)であって、教育の基づくところもまた実にここにある」と一応、教育勅語の内容が伝わるようになっています。現在の文部科学省も、この「全文通訳」を教育勅語の現代語訳としてあげています。

ところが、現在巷(ちまた)にでまわっている口語訳には、「これはいったい……」と首をかしげざるをえない不正確な意訳が少なくありません。

よく保守的な議員の方々が読まれているものに、「国民道徳協会訳」があります。明治神宮にも置いてあるものです。この口語訳は不正確な意訳の典型です。気になる例をいくつか挙げてみます。

――「我ガ皇祖皇宗」（明治天皇の祖先）が「私達の先祖」に変えられている……これでは国民全体の先祖が国や道徳をつくったというように読んでしまっても不思議ではありません。

――「臣民」が「国民」に変えられている……天皇に奉仕する臣民という観念がまったく見えなくなります。

――「教育ノ淵源」が「道義国家の実現」にあると述べる……「道義国家」とは原文にない言葉で、戦前軍部がさかんに使っていた言葉です。原文では教育の淵源を〝臣民の忠孝＝国体の真髄〟という点においています。それを〝淵源は道義国家だ〟と言われたのでは、臣民の忠孝がまったく見えなくなります。

――「義勇公ニ奉ジ」の「公ニ奉ジ」を「国の平和と安全に奉仕」と訳す……この「公」は皇室国家の意味ですから、まったく意味が違ってしまいます。

要するに、教育勅語から、「天皇とそれに奉仕する臣民」という最も肝心な要素をとりさった、致命的な誤訳です。もし戦前、このような訳をしたら、不敬罪で逮捕されたことでしょう。もちろん、本書の現代語訳はそんなことはありませんから、ご安心ください。

私の父の故郷である長野県松本市には、文明開化期の洋風な学校建築を代表する旧・開智小学校があります。その売店で「国民道徳協会」のものによく似た教育勅語（複製）が販売されていました。ところが最近、専門家から「元の意味を正確に伝えていない」と指摘され、市は販売を中止したそうです（二〇一七年五月）。市教育委員会は「特定の解釈を伝える可能性がある」とその理由をあげています（「信濃毎日」同年五月一九日付）。

「なんちゃって口語訳」にご用心。教育勅語は正しく読まないといけません。

になる仕事をおこし、常に皇室典範と大日本帝国憲法を尊重し法令を守り、緊急事態には大義にかなった勇気をだして皇室国家のために身を捧げ、それら全てで天地のように無限の皇室の繁栄を助けるのだぞ。そうしたことは、お前たちが忠良な臣民だということにとどまらず、お前たちの先祖が残し伝えてきた美しい風習を世にあらわすことでもある。

第三段――勅語の徳目は皇祖皇宗の遺訓だからよく守るように。

原文
斯ノ道ハ實ニ我カ皇祖皇宗ノ遺訓ニシテ子孫臣民ノ倶ニ遵守スヘキ所之ヲ古今ニ通シテ謬ラス之ヲ中外ニ施シテ悖ラス朕爾臣民ト倶ニ拳拳服膺シテ咸其徳ヲ一ニセンコトヲ庶幾フ
現代語訳
いま述べた徳目の道はじつにわがご先祖様のご遺訓であるから、天皇も臣民もともに守らないといけない。この道は昔も今も永久に間違いがなく、国の内外に適用してもおかしくない。われはお前たち臣民とともに大切に守り、みんなでその徳を同じく身につけ実践することを切に望んでおるぞ。

教育勅語の現代語訳

第一段——天皇が国も道徳もつくった。教育の源は、天皇への忠誠にある。

原文
朕惟フニ我カ皇祖皇宗國ヲ肇ムルコト宏遠ニ德ヲ樹ツルコト深厚ナリ我カ臣民克ク忠ニ克ク孝ニ億兆心ヲ一ニシテ世世厥ノ美ヲ濟セルハ此レ我カ國體ノ精華ニシテ教育ノ淵源亦實ニ此ニ存ス
現代語訳
われ明治天皇が考えるに、天皇の祖先たちが日本の国を始めたのは永遠・広大で、道徳をつくったことは深く厚いことだった。わが臣民が天皇に忠を尽くし、祖先や親に孝を尽くし、みんな心一つに忠孝の美風をつくってきたのは日本独自の国体の美しい真髄であり、ここにこそ、教育の源があるのだ。

第二段——いざとなれば天皇国家に身を捧げよ。すべての徳目は天皇の地位の興隆のためにある。

原文
爾臣民父母ニ孝ニ兄弟ニ友ニ夫婦相和シ朋友相信シ恭儉己レヲ持シ博愛衆ニ及ホシ學ヲ修メ業ヲ習ヒ以テ智能ヲ啓發シ德器ヲ成就シ進テ公益ヲ廣メ世務ヲ開キ常ニ國憲ヲ重シ國法ニ遵ヒ一旦緩急アレハ義勇公ニ奉シ以テ天壤無窮ノ皇運ヲ扶翼スヘシ是ノ如キハ獨リ朕カ忠良ノ臣民タルノミナラス又以テ爾祖先ノ遺風ヲ顯彰スルニ足ラン
現代語訳
お前たち臣民は、父母に孝行、兄弟仲良く、夫婦仲も良くし、友人は信じあい、つつしみ心をひきしめ自分を崩さず、博愛を人々に及ぼし、学問をして仕事を習い、知識や才能を伸ばし、徳と才能のある人間となり、進んで公共の利益を広め世のため

第2章　教育勅語は誰が書いたの？

教育勅語は誰が書いたのか？　もちろん明治天皇がすらすら書いたものではありません。草案を基本的に書いたのは、当時の法制局長官・井上毅（こわし）だったことがわかっています。※明治政府は国家をいわばゼロからつくっていった政府です。法制局長官も、今は法の番人というイメージですが、当時は、日本という国に次々と法律を書き下ろしていった、法の創造主でした。

※教育勅語を誰が書いたのかを研究すること自体、戦前は困難な面がありました。もっともよく知られている本格的研究は、戦後、海後宗臣（かいごときおみ）・東京大学教授（当時）によっておこなわれました。同氏は、残存していた教育勅語の様々な段階の草案を文部省や各地の土蔵などから収集し、それをならべて書かれた順番を推理し、執筆陣や関係者の手紙や回想録などからも補強していくという、手堅い実証研究をおこないました。それによれば、草案づくりは、①中村正直（まさなお）（文部省）の系統、②井上毅の系統、③元田永孚（ながざね）（天皇側近）の系統の三つの系統がありました。研究成果は一九六五年「教育勅語成立史研究」（『海後宗臣著作集』第一〇巻）にまとめられています。

井上毅は、明治政府きっての法律通で名文家。西洋思想にも通じていました。一言でいえば「キレ者」です。井上は、一八八九年に発布された大日本帝国憲法の起草にも大きな役割をはたしました。その翌年が教育勅語の起草です。

さて、その井上も、さっと書きあげたわけではなく、完成にいたる道のりは、多くの人物が関わる、伏線にみちたドラマでした。さながら近代日本の縮図という感じで、それを知れば明治時代に少し強くなれそうです。この章では、勅語の成立の流れを三つの角度から見ていきます。

(1) 明治政府、教育政策で揺れる——欧米化と天皇側近の逆襲

教育勅語の制定は、揺れ動いていた明治政府の教育政策を一つの方向へと導いた、決定的な出来事でした。

欧米への長期の留学・滞在

明治政府前半の指導者たちは、いずれも幕末期あるいは明治のはじめに、欧米に長期に留学・滞在していたメンバーです。彼らの多くは幕末期に下級から中級武士で、「尊王攘夷」をかかげ、脱藩あるいは藩政を動かしながら倒幕に奔走。そのなかで世界の情勢に詳しくなるにつれ、「攘夷」（外国を打ち払う）はできる相談でないことを知り、「開国」しながら日本の国力をつけようと考えを変えていきます。

だからこそ、彼らは貪欲に欧米にでかけていきました。たとえば岩倉具視使節団（一八七一（明治四）～一八七三（明治六）年）は総勢一〇七名、政府首脳も多数加わっての約二年間という長期・大規模な外遊でした。アメリカ、イギリス、フランスなどヨーロッパ一二か国を訪問し、西洋の思想や文化に出会い、それぞれの国柄を知り、各分野の多くの知識を吸収します。

たとえばアメリカに行けば、国主（大統領）がこだわりもなく自分たちに面会し、ジョークを言いながらフランクに話す（日本の天皇は御簾の向こうです）。聞けば彼は市民の札入れ（投票）で選ばれた者で、その代限りの身分、任期が終われば「ただの人」にもどるといいます。その子どもが自動的に政府の要職になれるわけでもありません。さらに女性が政治について意見を述べ、公式の場にもでてきます。何より、産業や経済が実にパワフルにできている。株式会社が発展し、競争しながら商品の生産にいそしみ、技術開発がとほうもなく進展している。こうした欧米諸国のそれぞれの政治、経済、学問、技術、文化を学びつつ、日本の国づくりにのりだしていくわけです。

教育の欧米化の試み

教育政策も例外ではなく、江戸時代の寺子屋や藩校にかえて、国民誰もが学校に通うという近代学校制度を導入します。それが一八七二（明治五）年八月の「学制」発布で、その時のお手本はフランスでした。

はじめのうちの教科書は、封建的な考え方や迷信を批判する啓蒙思想を説く民間の読本です。「天は人の上に人を造らず人の下に人を造らず」で知られる福沢諭吉の『学問のすゝめ』も教科書として使われました。ヨーロッパの道徳書の翻訳本も教科書として使われた時代です。

文部大臣※も、ある程度、開明的な人物でした。比較的長く文部大臣を務めた二人の人物をスケッチすれば次のような具合です。

※明治政府が内閣総理大臣、文部大臣などの大臣をもつようになったのは、一八八五（明治一八）年。それ以前は、文部卿といわれていました（ごく初期は文部大輔）。

——田中不二麿（文部卿などを一八七三（明治六）～一八八〇年（明治一三）、ただし途中一一か月間は離任）……さきほどの岩倉具視使節団に参加し、欧米に。使節団で文部担当理事をつとめる。一八七六年に教育政策を深めるため再び渡米。アメリカの教育制度を重視し、住民の自治の基盤を育てながら、じょじょに教育制度を整備していく道をめざす。市民みずからがつくる、ある程度自由のある私立学校の設立を重視した。道徳教育の基本は家庭にあるとして、学校での筆頭教科にしなかった。アメリカ色の強い教育令を提案するが大幅に修正を受ける（一八七九年九月公布）。

——森有礼（初代文部大臣、一八八五（明治一八）～一八八九（明治二二）年）……一八六五年から三年間イギリス、アメリカに。アメリカではキリスト教団の集団生活と研鑽の日々を送る（森は薩摩藩出身。当時の薩摩隼人が自ら炊事洗濯をしたという驚きの事実です）。はじめは在米駐在外交官、イギリス特命全権公使など外交畑を歩む。男女平等や信仰の自由をつよく主張。帰国後、文部大臣に就任。学校令をつくり学校制度を本格的に整備し、教育目標を帝国臣民の形成におく。道徳は、互いに並び立つ人間同士の関係をどう取り結ぶのかという問題であるとし、「論語」の暗唱を中止させるなど暗記式の道徳教育を批判。天皇への個人崇拝でなく、天皇を代表とする国家への忠誠心を重視し、その育成の手段として体育での兵式体操を主張。一八八九（明治二二）年二月一一日、大日本帝国憲法発布の式典に参列する寸前に自宅で襲われ、翌朝死去。

天皇側近たちの逆襲、伊藤博文の反論

文部行政が開明的なメンバーで進められたことに対し、明治天皇と側近の宮中グループは啓蒙思想の浸透を警戒し、批判的でした。

明治天皇は明治維新のときは一五歳の少年で、右も左もわからない状況だったと思います。その後君主としての教育をうけるなかで成長、一〇年余りたち二十数歳ともなれば、一定の見識を備えていたとみるべきでしょう。

宮中の教育政策批判がまとまった形をとったのが、明治天皇が伊藤博文らに出した一八七九（明治一二）年の「教学聖旨」（聖旨は天皇の考えの意）です。批判の矛先だった田中不二麿が文部卿をやめる間際のことでした。

「教学聖旨」は、明治政府の教育政策は知識才芸の教育に偏り弊害をうんでいるとして、

孔子などの儒教的な徳育を強く求めたものでした。

「教学聖旨」を実際に書いたのは天皇の側近、元田永孚です。元田は後、教育勅語づくりに深く関わる人物で、明治四年から晩年まで二〇年の長きにわたり、侍講（天皇に儒教などを教える学者）として明治天皇に仕え、天皇から厚く信頼されました。一八一八年生まれで、明治政府の指導層より上の世代に属し、江戸時代いらいの儒教の仁義忠孝の思想を主張し、明治の開明主義に立ち向かいます。奇しくも井上毅・法制局長官と同じ熊本藩士の生まれで、早くから秀才として知られていました。元田と井上の先輩・後輩関係は、その後思わぬところで役に立ったようです。

この「教学聖旨」にたいし、政府のまとめ役だった伊藤博文は「教育議」という文書を提出し、反論します。近代化そのものを否定するような宮中の姿勢は放置できないと考えたのでしょう。これに元田は「教育議附議」を書いて再反論。〝開明派〟と〝儒教派〟との徳育論争がおきます。

「教育議」を書いたのは、井上毅だといわれていますが、「教育議」の白眉は次の一文にあります。

「一ノ国教ヲ建立シテ、以テ世ニ行フカ如キハ、必ス賢哲其人アルヲ待ツ、而シテ政府ノ宜シク管制スヘキ所ニ非サルナリ」

国の教えが成立して世間がそれに従うのは賢人哲人があらわれる時であり、政府はそのようなことを管制すべきではない——とくに後半の、政府は国教・道徳を管制すべきでない（「政府ノ宜シク管制スヘキ所ニ非サルナリ」）という指摘は、近代民主主義の精神に合致した合理的な反論となっています。

地方長官会議が教育問題で紛糾

徳育論争はその後、啓蒙派の福沢諭吉なども参加して続きますが、明治政府じしんは自由民権運動の台頭に直面して保守色を強めていきました。

「教学聖旨」の二年後、イギリス的な立憲君主制を主張する大隈（おおくま）重信（外務大臣、総理大臣を歴任。早稲田大学の創設者。ちなみに慶応大学は福沢諭吉が創設）らが明治政府から追放され、プロシアのような君主国をお手本に憲法を制定する流れが決定的に強まります（「明治一四年の政変」）。

教育政策も少しずつ保守色を強めていきました。やがて徳育をめぐる拮抗関係はピークに達し、政府は教育勅語の制定に向かって走りだします。

一八九〇（明治二三）年二月の地方長官（知事、当時は公選でなく政府任命の官僚）会議でのことです。知事たちはかねてから、儒教的な徳育がすたれていることに強い不満をもっていました。当時を回想したある知事は、「教育界には異様な風潮がただよっていた。例えば昔は日本で勇者と言えば、児童が鎮西八郎〔源　為朝〕とか源義経とかいう人物を語り、智者忠臣といえば、楠〔正成〕、新田〔義貞〕を語るというようになっていた。ところがそんな風はなくなっていて、アメリカやヨーロッパの豪傑を理想とするような風潮がみなぎって……」（海後、前掲書、二〇五ページ。〔　〕内は引用者の補足）と述べています。

激しいやり取りの末、地方長官会議は「徳育涵養ノ議ニ付建議」を決議します。決議は、日本固有の徳育――江戸時代の儒教的なものを想定――を打ち立てること、そのために修身教科書を選定することなどを政府に求めました。

時をおかず、議論は閣議の場にうつされます。前年一二月に総理大臣になったばかりの山県有朋は、軍人勅諭で日本軍を引き締めたように、教育を何とかできないかと考えていました。ところが文相の榎本武揚は腰を上げようとしません。そこで文相を徳育に熱心な芳川顕正に交代させ（一八九〇年五月）ます。芳川は、地方長官会議に内務官僚として出席し、知事たちの鼻息の荒さを目の当たりにみていた人物でもありました。そして文相就任にあたって天皇から直々に「教育上の箴言をつくるように」と声をかけられます。

いよいよ、政府内で徳育に関する文書づくりが始まります。欧米思想をとりいれながら始まった明治前期の教育政策は、国家主義へとその舵を大きく切りました。

(2) キレ者、井上毅の登場――立憲主義と両立できるか?

はじめから勅語という形でとは決まっていませんでした。天皇の言う通り、何か箴言をまとめる方向でした。それがどこかの時点で勅語(天皇の言葉)として発するのがよかろうとなります。文相の交代が一八九〇年の五月、勅語完成がその年の一〇月末ですから、長いとみるか短いとみるか、勅語は約半年でつくられたことになります。

ただ、ここで一つの問題に直面します。日本が欧米から導入しつつあった近代的な政治制度=立憲主義との関係です。立憲主義とは、憲法によって政府あるいは君主の権力を制限して、国民の人権を守るという考え方です。教育勅語の制定の作業はちょうど、大日本帝国憲法を発布した時(一八八九年二月)と、施行する時(一八九〇年一一月)との間にはさまれています。権力はどこまで国民の道徳教育に関われるのか。徳育と立憲主義との関係が問われることになりました。

井上毅、文部省案を徹底批判

文部省は、懸案の箴言の起草を中村正直という人にゆだねます。中村は、格言「天は自ら助くる者を助く」（Heaven helps those who help themselves.）で知られるサミュエル・スマイルズの翻訳『西国立志篇』を出版しベストセラーになるなど、明治期の有力な啓蒙思想家でした。

提出された中村案は、忠孝と仁愛信義とを倫理の根本とするものでした。ただしその考え方は、すべての人間一人ひとりに倫理のもとになる心が宿っていることを重視する、近代西洋的な立場からのものでした。人間がまずあって、そこからすべての道徳が発生するという立場です。

この中村案にたいし、井上毅は「体をなさない」と痛烈な批判をくわえます。中村案のように人の心のあり方から論ずれば、けっきょく特定の宗教や哲学の説をとることになり、それ以外の説を敵に回すことになる。そんなことを天皇（国家）がおこなうのはお話にならない、というのです。山県有朋総理の意向を受け、井上は自ら草稿を起こすことを決意します。

そうやって井上がしたためた草稿は、その後に完成する教育勅語にとても近いものです。批判された文部省の中村案は勅語づくりから脱落します。他方、天皇の側近・元田は独自に草案を書いていました。しかし井上から井上草稿を見せられ協力を頼まれると、井上草案をベースに文面を練り上げる方向に転換、井上との共同作業がはじまります。山県や井上からすれば、元田がうんと言わなければ天皇は同意しそうもなく、是が非でも元田を抱き込んでおく必要がありました。そのために元田の懐にとびこんだわけです。元田も元田で、井上草案の充実ぶり（特に第一段の徳育の根本に国体思想をすえるくだり）を認め、それに自らの才知をつぎこんで完成させる方向を決意したのだといわれます。修正作業の途中の草案は文部大臣など閣僚にもまわされ、閣僚の意見をとりいれることもありました。コピーのない時代ですから、手で書き写したペーパーがまわされました。

井上起草から四か月と少したった一〇月二四日、ついに教育勅語は明治天皇の裁可がおり、一〇月三〇日に発布されたのでした。

「社会上の君主の著作広告」？

さて、井上は、「教学聖旨」の時には、「政府ノ宜シク管制スヘキ所ニ非サルナリ」と述べ、政府が特定の道徳教育の旗をふることを批判した側でした。その井上が教育勅語の起案を引き受けることは、考えればおかしな話で、つじつまが合いません。井上もその矛盾は重々承知していたようで、おおすじ、次のような説明をして、起草作業にとりかかっています（海後前掲書、三六二～三六三ページによる）。

――まず井上は〝立憲主義に従えば、君主は臣民の良心の自由に干渉してはならない〟と言います。これは正論です。

――そのうえで、だから、〝政府による政治上の命令でなく、「社会上の君主の著作広告」として出せば、臣民の良心の自由への干渉とならないから大丈夫ではないか〟と言うのです。

井上は勅語に大臣が副署しないという仕掛けも考えました。当時の憲法のしくみは、主権者は天皇で、内閣はその天皇を輔弼（ほひつ）（助けること）して行政をすすめるというものです。そのため、行政に関する勅語は、担当する大臣が副署することが習わしでした。その副署がない教育勅語は「社会上の君主の著作広告」となる、と期待したのでしょう。

しかし結果はあべこべで、教育勅語は天皇の署名のみの神々しい文書として受け取られます。第3章で示すように、教育勅語は発表と同時に、臣民の良心の自由をしばります。憲法で「神聖にして侵すべからず」と定められた天皇の名前で出したものは、やはり「神聖にして侵すべからず」となることは必然の理です。単なる君主の「著作広告」にとどまって、臣民の良心の自由は保障されるという井上の希望は、元々ありえない話だったのではないでしょうか。

特定の宗教、哲学を避けたはずが

井上が、〝君主が出すのだから、宗教上の争いや哲学上の争いを避けよ〟と強調したことは、中村案批判のところで見た通りです。

ところが、〝宗教や哲学上の争いとならないように〟と井上が示した対案こそ、〝日本の道徳は皇祖皇宗が立てたもので、国体に発している〟という、教育勅語の第一段で書かれているとおりの神話的な道徳観でした。

井上はこの国体的な道徳の説明を個人的には信じていなかったかもしれません（彼はこの世界にはあまりにも多くの道徳説があることを自覚していました）。しかし、天皇が臣民に向けてだす文書で、学説上の紛れを排するとすれば、「大日本帝国ハ万世一系ノ天皇之ヲ統治ス」という大日本帝国憲法の国体観に行きつかざるを得なかったと思います。

しかし、憲法にかかげられた国体思想をもちだせば、宗教・哲学上の争いがおきないどころか、国体思想を認めないすべての宗教や思想が存在を許されなくなるおそれが生じます。そうならないためには、勅語を「社会上の君主の著作広告」にとどめ、批判の自由が国民にはあるとする歯止めが必要でした。しかし、その歯止めはすでに見た通り、はじめからなかったのです。

発表の仕方も変えられて

立憲主義を意識する井上は、教育勅語の発表の仕方にもこだわりました。

井上は、①文部大臣まで下付して世間には公布しない、②学習院（戦前は皇族のための教育機関）か教育会（教師など教育関係者からなる民間団体）に天皇が臨席した時に下付する、と二案を準備し、②のほうを押しました。芳川文相は、高等師範学校（旧東京教育大学＝いまの筑波大学の前身）に天皇が出かけて公表し、その後全国の学校に普及させると主張し、閣議ではそう決まります。ところがその後、土方久元（ひじかたひさもと）・宮内大臣から、明治天皇の意思として、教育勅語は文部大臣を宮中に召して下賜（かし）すると連絡がきます。

こうして公表方法も、より重みのあるものになりました。それを井上毅は複雑な心境で眺めていたのではないでしょうか。

権力を制限し、国民の思想・良心の自由などの人権を守るという立憲主義。ところが、大日本帝国憲法の内実は、立憲主義とはほど遠く、天皇が絶対の支配者として臣民を支配するものでした。そのことを教育勅語の制定過程はうきぼりにしたといえます。教育勅語と立憲主義との間には、埋めようのない溝があったのでした。

（3）軍隊、憲法、そして教育

最後に、もう少し視野をひろげて、近現代の日本の歩みからみたときの教育勅語を見てみましょう。

日本の軍国主義の成立に関して、教育勅語と並び称されるものに軍人勅諭と大日本帝国憲法があります。

軍人勅諭は、教育勅語より八年前の一八八二（明治一五）年一月四日に、陸海軍に下賜されたものです。それは自由民権運動や西南戦争（一八七七年）などによる軍隊の動揺を抑え、軍人に天皇絶対の精神を注入するためのものでした。

軍人勅諭は、「朕（ちん）は汝（なんじ）ら軍人の大元帥なるぞ」と述べ、軍隊は天皇の軍隊であることを徹底して教えました。そして「下級の者が上官の命令を承ること、実は直（ただ）ちに朕が命令を承ることと心得よ」と上官の命令への絶対服従、さらに「死は鴻毛（こうもう）より軽しと心得よ」と命を簡単に差し出すことを軍人に徹底しました。

それから、大日本帝国憲法です。すでにふれてきたように、この憲法は欧米の立憲主義に似せながら、その内実は「大日本帝国ハ万世一系ノ天皇之ヲ統治ス」（第一条）、「天皇ハ神聖ニシテ侵スヘカラス」（第三条）といった、主権在君と神話的国体思想の国家体制でした。臣民の言論等の一連の自由は「法律ノ範囲内ニ於テ」などという条件がつき、法律・勅令があれば、取り上げることが可能でした。

こうしたものの上に、教育勅語が成立したわけです。

軍隊を天皇に絶対帰順する組織とし、大日本帝国憲法で徹底した主権在君の国家体制をしき、そして主権在君と神話的国体思想を子どもに教える教育の体制をつくる。明治期に確立した、軍人勅諭、大日本帝国憲法、教育勅語の三つによって、日本は、専制政治と侵略戦争への基本的な仕掛けをもったといえます。それに、明治時代の不敬罪、集会条例、新聞紙条例などに始まり、やがて治安維持法にいきつく、政府に反対する言論や運動への厳しい弾圧のシステムが付随します。

やがて時代は、日本の朝鮮支配、さらに中国への全面的侵略、そして太平洋戦争へとすすみます。無謀な戦争は兵員たちを虫けらのように消耗し、戦争の徒(いたず)らな継続は国民の多くの生命を奪い、日々の生活を壊し、そしてアジア諸国のおびただしい人々の尊厳と生命を奪いました。教育勅語が、国民の精神の自由を奪っただけでなく、数え切れない殺戮(さつりく)と犠牲をうんだ装置でもあったことは、教育のもつおそろしさとして、とくに日本人にとって忘れてはならないことではないかと思います。軍隊、憲法、そして教育。そのあり方は、国の進路を左右します。だから私たちは、その行方に無関心でいられないのです。

第3章　教育勅語の浸透と矛盾

（1）異様な数分間——教育勅語はどのように浸透していったのか

天皇制教育体制を支える文書

教育勅語は、公布と同時に尋常小学校を含む、すべての公式の学校に対して一律にその謄本が交付されました。教育勅語は、あらゆる宗教的哲学的政治的な意見対立を呼び込ませず、しかも諸々の思想の上に国体思想を君臨させる工夫を凝らしてできあがりました。

過去と現在と未来にわたる天皇と国民の道徳的な一体性という仮想を、国体という言葉で表現し、そこに教育の淵源を求める理念が記されていました。まさに、戦前の天皇制教育体制を支える公定の綱領的文書でありました。日本国憲法と根本から矛盾することは明白でありました（『続・現代史資料　教育　御真影と教育勅語　Ⅰ・Ⅱ・Ⅲ』みすず書房、一九九四〜九六年。教育史学会編『教育勅語の何が問題か』岩波書店、二〇一七年、参照）。

では、教育勅語はどのように国民の間に浸透していったのでしょうか。政府は教育勅語の精神を主として学校を通して国民に普及させようと努めました。

教育勅語の趣旨にもとづいて教育をすすめるべしとの指示は、各種の勅令や法規類にくり返し記されていきます。教育勅語の文言が法令に直接に書き込まれ、法的な拘束力を与えていきました。小学校教則大綱（一八九一年）の第二条には、修身科は「教育ニ関スル勅語ノ旨趣ニ基キ児童ノ良心ヲ啓培シテ其(その)徳性ヲ涵養(かんよう)シ人道実践ノ方法ヲ授クルヲ以(もっ)テ要旨トス」の記載があります。この記載は一九〇〇年の小学校令施行規則にほぼそのまま引き継がれます。国民学校（一九四一年〜）では、修身についての条項だけでなく、全教育活動の根底に教育勅語を置く重要性が強調されます。国民学校令施行規則第一条の一は「教育ニ関スル勅語ノ旨趣ヲ奉体(ほうたい)シテ教育ノ全般ニ亘(わた)リ皇国ノ道ヲ修練セシメ特ニ国体ニ対スル信念ヲ深カラシムベシ」と記していました。

三つの方法で

どこの学校でも三つの方法で、勅語の普及をすすめました。第一は祝祭日の儀式における校長らによる奉読とそれにつづく訓示、第二に、毎日行われる勅語に向かっての拝礼、第三に修身の授業などで行われる注釈でした。

御真影(ごしんえい)（天皇・皇后の肖像写真）への拝礼、教育勅語の奉読、校長訓話及び唱歌（君が代など）斉唱を主な内容とする学校儀式は、一八九一年の文部省令「小学校祝日大祭日儀式規程」によって最初の定型が与えられます。これによって、それまで単なる休日であった国家祝祭日は、教員・児童生徒の参加が強制される学校儀式に転換されます。三大節（紀元節、天長節、そして一月一日）、後に四大節（一九二七年から明治節が追加）に、それらが挙行されました。そこで子どもたちは、最敬礼というまったく新しい敬礼法（＝立礼）を学んでいきます。こうやって、勅語は人々の精神を呪縛し、神聖視され神格化されていきます。

教育勅語は、二階建ての木造校舎であれば、二階の奉置室に保管されました。階上を児童が往来する一階でははばかられたからです。神聖視された勅語は、教員が命にかえても「奉安」しなければならないものでした。地震、火事、風水害、津波、火山噴火といった危急時には、勅語謄本や御真影を救い出すために殉職した校長や教員の事例が後を絶ちませんでした。奉護できなかった校長らへのきびしい処罰と、命を賭して守護した教員らの美談のキャンペーンがくり返し行われました（岩本努『教育勅語の研究』民衆社、二〇〇一年）。

一九二〇年代以降、木造校舎から距離を置く防火性を備えた奉安殿（鉄筋コンクリート製の奉置所）の設置が増えていきます。子どもたちはどんな時でもこの前を通るたびに最敬礼を強要されました。教師は奉安殿の防備・保全監視を義務付けられました。空襲が激しくなって出された学校防火指針では、御真影・勅語謄本の奉遷（疎開）が第一に重視され、児童生徒の保護安全はその次、と定められました。

国定修身教科書には、第四学年以上から巻首に教育勅語全文が載りました。最終の第六学年には「教育に関する勅語」の趣旨の説明文（三段落に分けて解説する）が掲載されました。

儀式では

祝祭日の儀式で教育勅語を聞くのは、わずか数分間に過ぎませんでしたが、日常の敬礼とはまるで違った迫力をもって子どもたちに迫ってきました。多くの子どもたちにとって、その数分間は異様であり、ただならぬものを感じさせられたのです。

「朕惟フニ我カ皇祖皇宗」と、校長先生が重々しく朗読しはじめます。「チンオモウニワガコチョコチョ」と、男の子がささやいて、前の子のわきの下をくすぐります。「ヒヒヒヒヒ」と、抑えに抑えた笑い声がひびきます。意味の通じぬ文章に耳を傾けなければならない苦痛に、剽軽(ひょうきん)な子どもは笑いを誘い退屈をまぎらわせようとしました。しかし、教師にとって、それは何としても抑え込んでしまわなければならぬ不謹慎きわまる笑いであったのです（山住正己『教育勅語』朝日新聞社、一九八〇年、参照）。人間の持つ成長し発達する可能性の開花を抑え込んでしまうもの、それが教育勅語でありました。

（2）内村鑑三不敬事件——声あげるキリスト者たち

内村鑑三不敬事件

教育勅語の絶対不可侵性を国民に印象づける出来事が、勅語発布の翌年（一八九一〔明治二四〕年）に起こります。いわゆる内村鑑三不敬事件とそれを契機とした「教育と宗教の衝突」事件です。第一高等中学校（後の第一高等学校、東京大学教養学部の前身の一つ）の嘱託教員であった内村鑑三が、勅語奉読式に際して、キリスト者としての良心から天皇の宸署(しんしょ)（天皇直筆の署名）のある勅語に「奉拝」（深々とした拝礼）しなかったことが問題となり、内村は依願解嘱になります。

この事件をきっかけとして一連のキリスト教攻撃が始まります。文部省委嘱の教育勅語解説書である『勅語衍義（えんぎ）』の著者である井上哲次郎が「宗教と教育との関係につき井上哲次郎氏の談話」や「教育と宗教の衝突」（『教育時論』一八九二年一一月号、一八九三年一～三月号。九三年四月に『教育と宗教の衝突』として刊行）という論文を発表し、キリスト教は国体に反すると論難します。それに対して内村らキリスト者がきびしく反論をおこない、教育と宗教をめぐってはげしい議論が展開されました。

このキリスト教徒が発した内村擁護や井上への批判には、近代国家における権力と宗教（倫理）の関係が明確にとらえられ、思想・良心の自由の主張（とその根拠）がみごとに展開されていました。重要な思想的遺産と思われますので、少し詳しく、彼らの主張をみていきましょう。

拝礼をしなかった内村当人を真っ先に問題にしたのが同校の教師・生徒たちでした。学校内外の非難の声が高まる中、彼自身は病気に伏せ、ついで妻の死が重なり、わが身を窮地に追い込むことになります。そうした中でも内村は、一八九三年三月に「文学博士井上哲次郎君に呈する公開状」を書きます。内村は、米国の友人ベルに書簡を送り、井上に対して「非常に高慢なる人間にして」「基督（キリスト）教に就き凡（あら）ゆる悪しき事を述べ」たと怒りを表しています。彼は全力を注いで井上に反論をおこないました。「余は勅語は行ふべき者であつて、拝むべき者ではないと言ひしに、文学博士井上哲次郎氏を以て代表されし日本人の大多数は之を拝せざる者は国賊である、不敬漢である、と言ひて余の言ふ所には少しも耳を傾けなかった、爾うして彼等は多数であり、且つ其言ふ所は日本人の世論である故に彼等は余を社会的に殺して了ふことが出来た」（「不敬事件と教科書事件」、「萬朝報」一九〇三〔明治三六〕年八月二日発行）と、後日、端的に問題の所在を表明しています。

植村正久と柏木義円の教育勅語批判

こうした内村を擁護するため、キリスト者たちが言論を展開します。代表的な人物を紹介しましょう。

植村正久は内村不敬事件が起きてすぐに「不敬罪と基督教」（『福音週報』一八九一年二月）を著し、勅語への拝礼に正面から反対します。つづいて「今日の宗教論及び徳育論」（『日本評論』第四九号・五〇号、一八九三〔明治二六〕年）を書き、井上の「教育と宗教の衝突」に対し反論を加えます。「政治上の君主は良心を犯すべからず、上帝の専領せる神聖の区域に侵入すべからず」とのべ、天皇制国家権力に対して良心の権威をもって一歩もゆずるまいとする姿勢を明示します。「国家は其れ自らを以て最終の目的とするものに非ず」とし、人性の完成、世界の開達を図ることこそが国家成立の最大希望ではないのかと述べ、国家のあり方と人間の思想の自由を論じました。

柏木義円の国家主義への批判は痛烈でした。論文「勅語と基督教」（『同志社文学』第五九号・六〇号、一八九二（明治二五）年）で、勅語の名によって思想の自由を妨害することは誤りであり、また、君主の権威を学問上倫理上にまで及ぼすことは立憲主義の精神に反すると述べます。「今や思想の自由を妨ぐるものは忠孝の名なり、人の理性を屈抑するものは忠孝の名なり、偽善者の自らを飾るの器具は忠孝の名なり」と批判は明快です。「立憲君主国の通誼として、政治上に於ては君主は最上至高にして神聖なるものと承認するものなり。然れども、学問上、倫理上に迄其権威を及ぼし、敢て倫理の主義を断定するが如き、決して立憲国君主の意に非ず」と立憲主義の本質を説きます。「若し夫れ国家を以て唯一の中心となし、人の良心も理性も国家に対しては権威なく、唯人を以て国家の奴隷、国家の器械と為す、これ国家主義か。基督教固より此の如き主義と相容れず」と明治国家を批判します。キリスト者の良心と矜持をここにみることができます。

しかし、明治天皇制国家の官僚には、こうした言論を許容する寛容の精神はありませんでした。ある政治学者が述べるように、教育勅語の発布は、まことに「日本国家が倫理的実体として価値内容の独占的決定者たることの公然たる宣言」（丸山眞男「超国家主義の論理と心理」『世界』一九四六年五月）でありました。この論争の後、天皇は政治上の長であると同時に精神的領域における権威者であるという観念が、急速にできあがっていき浸透していくことになります（武田清子『人間観の相剋』弘文堂、一九五九年。堀尾輝久『人権としての教育』岩波書店、一九九一年、参照）。

大西祝の「批評主義」と井上哲次郎の「折衷主義」

ここでは、もう一つ、井上哲次郎のそば（東京帝国大学の哲学研究室）で哲学を研究していたこともあるキリスト者・大西祝（はじめ）（東京専門学校、早稲田大学の前身）の井上批判をみてみましょう。井上哲次郎とはどのような人物であったのか。有名な『勅語衍義』を著したこの人はどのような学者であったのか。ぜひそれが知りたくなります。

大西祝は、一八九一（明治二四）年六月号の『教育時論』の「私見一束」で、「教育勅語と倫理説」を論じています。大西は「倫理主義の争いは、之（これ）を個人間の自由の討究に委ねて、可なり、若し勅語を楯（たて）に着て、倫理説場裡（じょうり）に争わんとする者あれば、予は之を卑怯なりと云わん」と述べました。大西は、勅語を楯に自由の討究を許さない者は卑怯である、とかつて哲学の指導を受けた井上を名指しこそしませんでしたが、批判の意思を表明しました。当時、大西は、徹底した批判精神によって学問と良心の自由を擁護し、独自の理想主義を展開した存在でありました。日本の現実を批評する啓蒙主義（批評主義）を大切にした哲学徒でした（岩波文庫『大西祝選集Ⅰ・Ⅱ・Ⅲ』二〇一三年、参照）。

批判された井上とはどんな人物だったのか。井上哲次郎が、六年におよぶ欧州留学から帰国（東京帝国大学文科大学哲学科教授に就任）したのが一八九〇年一〇月。教育勅語の発布の時とピタッと重なります。そこで大西は大学院在籍二年目にして初めて井上の指導を受けます。井上は、帰国してすぐに明治政府からその国家主義体制の理論家としてスカウトされ、『勅語衍義』『教育と宗教の衝突』を次々と書いていきます。大いに活用・重用されていきます。※大西は、井上のこの仕事ぶりに強い不信感をもっていたようです。井上にみられる東西の哲学や思想の性急で安直な折衷主義。大西は、温めていた日本最初の良心論である「良心起源論」をついに東大に提出することはせず、井上帰朝翌年に東京専門学校の招聘（しょうへい）に応じて、東大を去りました。

※『教育勅語』の著者山住正己は、『勅語衍義』の井上哲次郎を次のように評しています。「ヨーロッパに長年留学し、彼の地の文物に接し、逆に狭い愛国心を身につけるという留学生はしばしばあらわれるが、井上は早い時期におけるその代表であった」「井上は、自

分が勅語の解釈者として選ばれた理由を、漢洋両方面の学識を身につけていたからだろうと推測している」。

「井上哲次郎的折衷主義」（丸山眞男『日本の思想』岩波新書、一九六一年）はつとに有名で、「日本における思想的座標軸の欠如」（＝精神的雑居性）の代表的な例に、井上の名前はあげられてきました。まれにみる折衷主義という才能によって、『勅語衍義』という書物は著されたわけです。

東大哲学科の井上哲次郎を知る、二人の人物描写を紹介しましょう。戦後初期の学者文相の一人安倍能成（よししげ）（門下生の一人）はこう回想しています。

「井上博士によって創められた東大文学部哲学科が、京都大学に比して萎靡不振（いびふしん）を極めた原因は、井上さんが哲学者でも学者でもなく、又真面目な人間生活の追求者でも何でもなかつたのに基づく」（安倍能成「井ノ哲博士のこと」『我が生ひ立ち』岩波書店、一九六六年。竹田篤司『物語「京都学派」』中公文庫、二〇一二年、参照）。

「井ノ哲」という俗称を使った、これはかなり辛辣（しんらつ）な人物評でした。もう一人は、作家の夏目漱石の『三四郎』であります。漱石は、一八九〇（明治二三）年、教育勅語発布の年に東京大学に入学します。東大の大教室で井上の哲学の講義を聴いていたようで、『三四郎』には、次のくだりがあります。

「午後は大教室に出た。其教室には約七八十人程の聴講者がいた。従つて先生も演説口調であつた。砲声一発浦賀の夢を破つてと云う冒頭であつたから、三四郎は面白がつて聞いてゐると、仕舞いには独逸(ドイツ)の哲学者の名が沢山出て来て甚(はなは)だ解しにくくなつた。……隣の男は感心に根気よく筆記をつづけてゐる。覗いて見ると筆記ではない。遠くから先生の似顔をポンチに書てゐたのである」。

隣の男とは三四郎の引き回し役の与次郎です。「砲声一発浦賀の夢を破つて」は、井上の講義冒頭のおきまりの台詞だったそうです。漱石にとって井上の講義ははなはだわかりにくかったようで、冷やかし気味の講義風景を『三四郎』で記したということです。

内村鑑三は井上哲次郎を「非常に高慢なる人間」と評していました。こうした人間でなければ『勅語衍義』も『教育と宗教の衝突』も著せなかったのかもしれません。人間の精神を縛る教育勅語の趣旨の再生産は、このような人々によっておこなわれたということでしょうか。

（3）石川啄木、島崎藤村――教育の本質を問う

教育勅語の内容を取り上げて批判することは、ほとんど不可能に近いことでありました。自ら勅語を肯定し忠誠を誓う三〇〇点以上のおびただしい勅語衍義書（解説書）はありましたが。きびしい言論抑圧の網がかけられて、誰も抵抗できない雰囲気がつくられていました。

しかし、少ないながらも教育勅語をとり上げ、批判の意思を表した人々がいました。彼らは、どのようにして教育勅語を語ったのでしょうか。教育勅語を取りだしながら、あからさまには勅語の文言一つひとつを批判しない方法。その語り方には、教育の本質とは何かを探求しようとする精神の働きがあり、その教育の本質にてらして教育勅語体制の問題を見抜く、という試みが隠されていたように思うのです。

幸徳秋水の『帝国主義』

幸徳秋水は『帝国主義』（一九〇一〈明治三四〉年）のなかで教育勅語にふれます。教育勅語発布から一〇年が経っております。「帝国主義はいわゆる愛国心を経となし、いわゆる軍国主義を緯となして、もって織り成せるの政策にあらずや」と帝国主義の本質を見事に喝破（かっぱ）したのが『帝国主義』でした。幸徳秋水は、愛国心に引きつけて教育勅語の本質を語っています。

彼は、「内村鑑三氏が勅語の拝礼を拒むや、その教授の職を免ぜられたりき」と述べ、他に久米邦武や尾崎行雄らの「不敬」事件※に言及し、彼らは皆「非愛国者をもって罪せられたりき」とし、日本に広がる愛国心を次のように問題にしました。

※東京帝国大学教授の久米邦武は、勅語の翌年一八九一年に、論文「神道は祭天の古俗」を書きます。これは勅語がいう日本の国の始まりは宏遠であるとの主張に反するとされ、久米は不敬を責められ、非職となります。

憲政党内閣文相の尾崎行雄は、一八九八年八月二二日に、帝国教育会茶話会で、拝金主義を批判する趣旨で「日本が仮に共和政治ありという夢を見たとするならば」と述べます。

これが不敬に問われ、文相を辞任します。

「国民の愛国心は、一旦その好むところに忤うや、人の口を箝するなり、人の肘を掣するなり、人の思想をすらも束縛するなり、人の信仰にすらも干渉するなり、歴史の論評をも禁じ得るなり、聖書の講究をも妨げ得るなり、総ての科学をも砕破することを得るなり。」

幸徳秋水には、他に『社会主義神髄』（一九〇三〔明治三六〕年）など多くの著作がありますが、教育勅語にふれながら、それを批判的に言及しているのは注目すべきではないでしょうか。

石川啄木の『雲は天才である』

幸徳秋水の考え方に共鳴を示し、大逆事件※（一九〇九〔明治四二〕～一九一〇〔明治四三〕年）で獄中にあった秋水の陳弁書を密かに手に入れて筆写（『A LETTER FROM PRISON』一九一一〔明治四四〕年五月）までしている石川啄木を取り上げてみましょう。

※一九一〇年、天皇制政府は明治天皇暗殺計画という虚構を仕立て上げ、幸徳秋水ら数百名の社会主義者・無政府主義者を検挙し、非公開裁判にかけ、翌一九一一年一月一八日

に、二四名に死刑判決を下しました（翌日、一二名は無期に減刑。秋水らは一月中に刑を執行される）。近代日本における「冤罪事件」の原点とされます。

啄木は『雲は天才である』（一九〇六（明治三九）年）で教育勅語に触れています。自ら日本一の代用教員をめざした啄木は、故郷渋民村の尋常高等小学校における一年間の経験を小説にして語ります。「身を教育勅語の御前に捧げ」、穏健にして平凡、温順をたっとぶ田島校長は、職員室で、子どもたちに好かれる新田先生（啄木のこと）をなじって諄々と諭していいます。

「新田さん、学校では、畏くも文部大臣からのお達しで定められた教授細目といふのがありますぞ。……其完全無欠な規定の細目を守って、一毫乱れざる底に授業を進めて行かなければならない、若しさもなければ、小にしては其教える生徒の父兄、また、高い月給を支払ってくれる村役場にも甚だ済まない訳、大にしては我が大日本の教育を乱すという罪にも坐する次第で」。

日露戦争が始まった一九〇四（明治三七）年から、修身、国語、歴史、地理の教科書は検定から国定制度になります。重大な教科書制度の転換となります。教育の内容（＝国民の精神）を統制する最高の形式の導入であり、教え方の全国画一の形式という授業細目が深く浸透していきます。啄木は、教育勅語体制の抑圧下における実相、すなわち、教師における自由と誇りの剝奪(はくだつ)や管理職の無気力などをみごとに描いたといえるでしょう。

島崎藤村の『破戒』

もう一人、啄木が夏目漱石とともに文学の才能を高く評価していた（日記に記した）島崎藤村を紹介します。啄木と同じように学校の教師の経験をもつ藤村は、『雲は天才である』と同じ年の一九〇六（明治三九）年に『破戒』を自費出版します。そこで教育勅語を語るわけです。

『破戒』の主人公である瀬川丑松(うしまつ)は、自ら部落差別という問題を背負いながら人間的な教育を求めて苦闘する青年教師でした。

『破戒』で教育勅語が登場する場面は、明治三六年と覚しき一一月三日の天長節の描写です。天長節は、一年で最も喜ばしい祝日の一つでありました。『破戒』はこの式典の仰々しい光景を描きだしています。

国民のみかどの誕生日を祝うために家々の軒高く掲げられた日の丸の旗をくぐって、羽織袴(はかま)の男の子や、海老茶袴、紫袴の女の子たちが次々と登校し、学級担任に引率されて式場に入っていきます。すでに準備の整った式場の来賓席には、赤いリボンや銀色の記章をつけた赤十字社社員や、ことさらに風采をつくろった地方政治家たちが居並んでいます。首座教員である丑松の「気をつけ」の号令で始まった式典は、最敬礼につづき、君が代の斉唱、校長による御影（御真影のこと）の奉開、教育勅語の朗読、満場にこだまする万歳の三唱、金牌を胸にして「忠孝」について語る校長式辞、そして「天長節の歌」の斉唱から来賓の祝辞へと型どおりの式典は続いていきます（川端俊英『島崎藤村の人間観』新日本出版社、二〇〇六年、参照）。

教育勅語はポツンと一か所、ここに出てくるだけなのですが、このような式典の描写それ自体が重要な気がします。さらに、注目すべきは、胸に金牌を付けて忠孝の訓示を述べた校長の教育観が描かれていることです。この校長の信念は次のようなものです。

「斯校長に言わせると、教育は則ち規則であるのだ。郡視学の命令は上官の命令であるのだ。もともと軍隊ふうに児童を薫陶したいというのがこの人の主義で、日々の挙動も生活もすべてそこから割り出してあった。時計のように正確に――これが座右の銘でもあり、生徒に説いて聞かせる教訓でもあり、また職員一同を指揮する時の精神でもある」

人間をもののように扱い、規則に従わせ統制し、はみ出すことを許さず、しかも、管理されていることへの感覚すら麻痺させてしまうという人間の精神を縛りつける思想（規則の思想）がよく描かれているように思えます。国家はこの校長の心持ちに名誉の金牌を贈ったのです。

一一月三日の天長節の日こそ、校長が教育観の対立する丑松を放逐するための策動を始めた日でもありました。校長にとって、丑松は「生徒をご覧なさい――瀬川先生、瀬川先生と言つて、瀬川君ばかり大騒ぎしてる」と述べ、生徒に機嫌をとる丑松先生が気にくわないのです。「何か斯う深く考へて居て、吾輩には不思議でならない」存在であり、こうした存在は得体が知れず、「彼様いふ異分子が居ると、どうも学校の統一がつかなくて困る」と追い出しの策略を始めていくのです。

『破戒』が、部落問題を扱いながら、校長と瀬川先生（丑松）という人物を造形して、教育勅語体制下における抑圧された教育の実態を描いていたことは、十分に注目してよいように思われます。

人間の精神を抑圧すれば、そこには必ず人間という存在と教育の本質を問う精神的営みが起こってくるものなのでしょう。そのように確信します。

（4）執拗なやり直しと体罰――少国民世代の勅語体験

一九四一年一二月八日、太平洋戦争が勃発します。戦争の時代、教育勅語は異常なまでに尊重され、その扱いはますます狂信的で神がかり的になっていきます。それを子どもとして体験したのが「少国民」と言われる世代の少年少女たちだったのです。

少国民という名称は、主に、国民学校（一九四一〔昭和一六〕年～一九四七〔昭和二二〕年）で学んだ体験を持つ世代につけられたものです。一九二〇年代から三〇年代に生まれた人々が少国民と呼ばれたことになります。太平洋戦争が勃発したその日、国民学校四年生であった山中恒（ひさし）（一九三一〔昭和六〕年～）は『少国民シリーズ』（全五巻＋補巻、一九七四年～一九八一年）などを著し、この言葉にこだわった作家の一人です。一九三五（昭和一〇）年生まれの作家入江曜子も同じ世代であり、自分が学んだ国民学校時代の教科書に関心を示し、『日本が「神の国」だった時代――国民学校の教科書をよむ』（岩波新書、二〇〇一年）を書いて、そこに書かれた記述に疑問を呈しています。これら少国民世代は教育勅語をどのように体験しているのでしょうか。

理解すべきものではなく「奉体」すべきもの

入江曜子は、国民学校期の教育をこう語ります。大東亜共栄圏構想のもとに来るべき世界戦争に向かって、その人的資源である国民をつくり出すためだけの教育。それは一言でいえば教育勅語の一節「天壌無窮ノ皇運ヲ扶翼スベシ」に集約される天皇と国家の命令にだけ従う思考しない人間、判断しない人間、心身ともに「天皇に帰一」する人間をつくりだすための「鋳型にはめる」教育であったとします。思考しない人間づくり。これが国民学校期における教育勅語の趣旨を体現する人間でありました。

国民学校の教科書には、そうした目的のための内容が数多く掲載されていたとしますが（例えば、死を嘆かない母・死を祝福する母という愛国の母親像など）、教育勅語そのものを扱う教材については、こんな指摘を行います。教育勅語全文が修身の教科書の巻頭に掲げられるのは、国定教科書では四年生以降でした。それに対応して巻末に「よい日本人」（四年、五年）、「教育に関する勅語」（六年）の課目を設け、その解釈と意義が教えられます。国民学校では、最終学年の「大御心の奉体」で一通りの意味や解釈が施されるまでは、教師と生徒がともに仰ぎ、ともに奉体すべき教材――ただひたすらに経文をよむように暗唱する「非教材」（暗唱や暗写をさせて、内容が分かるかどうかは問題ではなく、ただただ鵜呑みを強いるだけのもの）だったというのです。教育勅語は理解すべきものではなく「奉体」すべきものだった。これが入江の実感だったのです。

何が何だかさっぱりわからない

「奉体すべきもの」という教育勅語。非人間的でこっけいさがつきまとい、怒りと屈辱を味わう勅語体験をさまざま語っているのが山中恒でした。

教育勅語には難解な用語やとらえようのない内容が含まれていて、国民すべてが一つ一つの単語の意味から文章全体の趣旨までを理解することはできなかったのです。

まずは、教育勅語は何が何だかさっぱりわからないという事例です。隣家のおかみさんが父兄会で学校に呼ばれて、ひどい目にあったとこぼす話。

「校長先生が一生懸命、のっとって、のっとって、と言っていましたが、のゝ、のっとゝゝてのは何のことですかい」

「ただ、のっとってじゃなくて、皇国の道に則ってと言われたでしょう」

「アアそうそう、こうこく、こうこくとも言いましたよ。何ですね、こうこくてのは、何かの広告ですかね」（『子どもたちの太平洋戦争』岩波新書、一九八六年）

山中恒少年のいつわらざる実感。「夫婦相和シ」は、なんど聞いても「夫婦はイワシ」にしか聞こえなかった。子ども心にも「お父さんはやせていて小さいからイワシかもしれないけど、お母さんはどう見てもマグロだな」などと考えたりしながら、校長の勅語奉読を謹聴していたといいます（「教育勅語が残してくれたもの」『続・現代史資料月報　教育2付録』みすず書房、一九九五年）。

儀式、始まりと終わり

四大節の儀式から、待機の様子について。この四大節の朝は通常通りでありますが、子どもらの服装は違っていて、全員一張羅（いっちょうら）で登校します。この日ばかりは一張羅なので、みんな運動場で借りてきた猫のようにおとなしく、一張羅を汚して帰ったりしたら、家で大目玉を食うから、みんな窮屈そうに神妙にしていました。

やがて「気をつけ」ラッパが鳴り、一同、直立不動の姿勢をとります。ざわめいていた運動場は、水を打ったように、しーんとしずまりかえります。この「気をつけ」ラッパは、奉安殿から、天皇・皇后の写真及び勅語謄本が式場である講堂へ奉遷される（移される）という合図なのでした。

奉読が終わって。この勅語を謹聴する姿勢には無理がありました。厳寒の一月一日や紀元節（二月一一日）のときには、みんなずるずるとはなみずをすすり上げ、最後の「御名御璽（ぎょめいぎょじ）」のあとの敬礼でもとにもどるときは、みんなの一斉にはなみずをすすり上げる音が講堂を圧したのです。一年生の中には、このとき小便を漏らす者がいたりして、それが講堂の床を音もなく流れてくるのに、勅語奉読の最中であるから身動きもならず、自分のところに流れてこないように懸命に祈り続けたのでした（前掲『子どもたちの太平洋戦争』）。

奉安殿と最敬礼

教育勅語と御真影が奉納されている奉安殿の前を通るときには、子どもたちは必ず、どんな時にでも最敬礼しなければなりませんでした。恒少年が、いったん登校して忘れ物を取りに戻るとき、確かに最敬礼をしたはずでしたが、物陰で見張っていたらしい教師に呼び戻されて、最敬礼のやり直しをくったことがあります。おそらくそのとき、恒少年の表情に不服の色合いがあったのでしょう、教師はそれを見逃さず許さず、心がこもっていないとか、頭をあげるのが早過ぎるとか、執拗なやり直しをさせました。時刻は迫るし、何とも切なかったわけです。恒少年はまだましな方でした。この教師から手ひどい体罰を食わされた子どもたちは少なからずいました。最敬礼がぞんざいであることは、最大の不敬・反逆[※]であるとされていました（『ボクラ少国民』辺境社、一九七四年）。

※不敬・反逆にたいする暴力。一九三五年生まれの作家・大江健三郎は、奉安殿における校長から受けた暴力を告発しています。「校長は、奉安殿礼拝のさいに、ぼくが不まじめであったといってなぐるのだ。奉安殿は、近隣まれにみるりっぱさ、校長自慢のものであった。日曜の夕暮れに、ぼくは玉砂利をふんでのぞきにいったが、金色につやのある木の台と紙箱と、天皇陛下と皇后陛下の写真が見えたのみであった。／そこで、ぼくは毎朝の礼拝にまじめになることができず、そこで校長に歯がゆがむほどなぐられた。日本の農村出の青年は天皇にかくべつ敬意をもってはいまい？　とアメリカ人の二等書記官がたずねたとき、ぼくは答えたものだ。おれは校長と天皇とを最も恐れていた……」（『厳粛な綱渡り』一九七五年、文藝春秋社）。四国愛媛の大瀬国民学校時代に国粋主義的初等教育を受けた大江は、戦後民主主義の意義と新憲法のモラルを説き続けています。

率直な感情の表出は許されない

山中は、教育は国家に帰属する営為であるとする教育勅語が学校教育を支配する限り、その理念を体現しなければならないのが教師であったと述べます。教師たちは、人間である前に「戦う少国民」たちを公明正大に叱咤激励し得る模範的な存在でなければならなかったのです。しかし、人間である以上、つねに模範的な役割を演じることはむずかしかった。うっかり人間的な対応をのぞかせる場合もあったとします。

子どもの綴方は、特高警察にとって教師の思想的リトマス紙とみなされてもおり、教師は細心の注意を払って（書き直しなど）、子どもの綴方を公表しています。山中は、奈良女高師付属尋常小学校編の『戦争と子供』（博文館、一九四三〈昭和一八〉年）という綴方集をよく読むと、国民学校以前と以後の綴方には違いがあって、以前の方には、まれに子どもが感じた感情を素直に表出した文章があったりすると述べています。うっかりと人間的な対応をしてしまう、そういう例だといいます。

「お父さんの応召」（八木嘉子、尋常小学校六年）は、父親が応召する悲しさがリアルに描かれていました。父が日頃丹精したバラを思い、「せめてあのばらが花の咲いたのを見て行ったらいいのに、空は割に晴れてゐるけれど、心は曇つて居る」と綴ります。祝いに大勢で来て騒いでいる親類の人たちに父が連れて行かれてしまうようだと、素直な気持ちが吐露されています。

しかし、こうした綴方の出現は国民学校になって以後には、ほとんど不可能になります。教師の指導は徹底されていきます。自分らしい感情描写は許されず、それは削られ、子どもの本音を表面化させまいとする「残忍な指導」がきめ細かくおこなわれていった、と山中は述べていました（『撃チテシ止マム』辺境社、一九七七年）。人間らしい感情を欠落させたまま、国策的建前の方へすべて組み込まれる、そうした綴方作品のみが巷(ちまた)にあふれるということになっていったと述べています。

国民学校時代の人々の狂気。山中恒は教育勅語をこの狂気を生みだす根源的な原因であるとして様々な戦時下の風景（おかしくて悲しい）を描いているのでした。

（5）片手にサーベル、片手に勅語——植民地朝鮮で

植民地朝鮮における教育勅語について、話をしてみましょう。教育勅語は、日本人は優秀な民族であり、朝鮮人(=異民族)を支配することは当然であるとする意識を形成する重要な根拠として使われた、ということが明らかになるでしょう。

朝鮮における植民地教育支配は、保護時代期(日露戦争後の一九〇五年〜)、第一次朝鮮教育令期(日韓併合後の一九一一〔明治四四〕年〜)、第二次朝鮮教育令期(一九一九〔大正八〕年勃発の三・一独立運動後の一九二二〔大正一一〕年〜)、そして第三次朝鮮教育令以降(一九三七〔昭和一二〕年日中全面戦争後の一九三八〔昭和一三〕年〜)に分けて考えられます。第三次朝鮮教育令以降でいえば、「皇国臣民の誓詞」の制定とその朗誦を中核とする学校儀式の肥大化、朝鮮語の随意科目化(必修ではなく、土地や学校の状況によって開設してもしなくてもよいとする処置。やがて朝鮮語科は廃止)、皇国臣民体操の実施、そして、陸軍特別志願兵制度の発足(一九四四〔昭和一九〕年の徴兵制に続く)、創氏改名の開始、神社参拝の強要の徹底などがおこなわれました。

一九一一年八月、「朝鮮ニ於ケル朝鮮人ノ教育ハ本令ニ依ル」と定められた朝鮮教育令が公布されます。その第二条は、朝鮮人の「教育ハ教育ニ関スル勅語ノ旨趣ニ基キ忠良ナル国民ヲ育成スルコトヲ本義トスル」と規定されます。第五条には「特ニ国民タルノ性格ヲ涵養(かんよう)シ国語ヲ普及スルコトヲ目的トス」とあります。日本帝国臣民化のためには、天皇制思想の注入と国語（=日本語）の教授とが基本であることが強調されました。

一九二〇年（大正九年）まですべての日本人教師は官服に身をかため、帯剣して教場に行き、威圧しながら朝鮮人青少年を教えたのです。教師は、つねに警官と連絡を取りあって、治安の一部をうけもちました。こうした片手に武器（サーベル）、片手に教育勅語という教師のあり方は、朝鮮における同化主義教育の大きな特徴でありました。

朝鮮の学校では、文明的教育をすすめるという名目の下、帝国臣民化（=日本化）のための諸知識を教えられました。それまで日常の生活の中で使用してきた朝鮮語は学校の中に入るや、その使用が禁止させられました。学校と家庭生活の二重生活が生じます。実生活と乖離（かいり）する学校の知識が教えられます。朝鮮人の子どもたちは、学校と実生活を生きる精神の分裂（人間性の尊厳の否定）を強いられたといえるでしょう（小沢有作『民族教育論』明治図書、一九六七年、参照）。

教育勅語謄本は、一九一二（大正元）年までには公立普通学校（朝鮮の子どもたちが通う学校のこと）のほとんどすべてに交付されました。学校儀式関係の規定については、第二次朝鮮教育令下の普通学校規定（一九二二年）で、三大節の祝日において教職員と児童は学校に参集し、「学校長ハ教育ニ関スル勅語ヲ奉読シ」と記されました。日本国内とほぼ同様な儀式が朝鮮の子どもたちにおこなわれていったように思われます。ただ、母語の異なる朝鮮人の子どもたちにとって、校長が白手袋で勅語謄本を高々と掲げる所作に珍妙さ・おかしさを感じたようです。儀式の最中、教師は生徒の列に入り、不敬な言動を起こさぬよう監視し、君が代が歌い終わるや直ちに式を解散する、という実態もあったようです（樋浦郷子『神社・学校・植民地』京都大学学術出版会、二〇一三年、駒込武「植民地支配の中の教育勅語」『続・現代史資料月報　教育　3』みすず書房、一九九六年）。

「露もそむかじ」

朝鮮人の子どもが手にとった教科書のなかでは、教育勅語はどのように書かれていたのでしょうか。修身は「教育ニ関スル勅語ノ旨趣ニ基キ」（朝鮮教育令）おこなうべきとされ、第四学年の教科書巻頭に勅語全文が掲載され、第六学年に「教育に関する勅語」を置き、勅語の解釈とその意義を述べる形式は国定教科書と同じでした。ここでは、『初等国史※』（一九四〇〈昭和一五〉年）に記述された教育勅語について取り上げます（磯田一雄『「皇国の姿」を追って』皓星社、一九九九年、参照）。

※国史とは、朝鮮の歴史のことではなく、天皇を中心とする日本の歴史のことです。朝鮮の子どもたちは、基本、自分達の国の歴史＝朝鮮史ではなく、日本の歴史を学ばされま

した。一九二〇年代から三〇年代、わずかに、朝鮮の事歴（項目）が組み込まれていましたが、この『初等国史』（一九四〇年）では、それすらも削除されました。

じつは国史の教科書で教育勅語が記載されることはそれまでになかったことであり、国内の国定教科書国史で勅語についての説明が載るのは、一九四三（昭和一八）年の最後の『初等科国史』でありました。それより三年前、朝鮮総督府によってつくられた『初等国史』に勅語が先に登場していたことになります。朝鮮総督府はなぜ、教育勅語について書こうとしたのでしょうか。近代化に際し、天皇と日本人の優秀性をあらためて勅語を使って説こうとしたように思うのです。朝鮮人はよくそれを見ならえということでしょうか。

少し長いのですが、『初等国史』（一九四〇年）はこのように勅語を説明します。

「国民に、ますますはつきりと国体をわきまへさせ、国のはじめから、心をあわせて忠義をつくし、いつの世にもかはることのない先祖の美風をうけついで、りつぱな心がまへをもたせたいとのおぼしめしからであります。御いつくしみ深い天皇のおぼしめしをいただいて、国民はめざめました。その後、今日まで五十年あまり、国中の学校で、式のある度ごとに、かならずこの勅語を奉読いたします。国民は、みな日夜み教をよくまもり、『露もそむかじ』とちかつて、心をみがき身を修め、先祖から伝えられたよいところを大切にすると共に、ますます外国のすぐれたところをまなび、忠良なる臣民として、君のため国のため、いつしようけんめいにつくすことを心がけました。」

この説明文には、奉読の場面（大勢の生徒の謹聴する）の写真があり、「露もそむかじ（勅語の奉読式）」というキャプションがついています。

近代化（明治憲法と国会の制定など）に成功した日本は、同時に、天皇を戴き、祖先と伝統を重んじる優秀な国民性をもっているというわけです。朝鮮人はこうした天皇と日本人にけっして「そむくことなく」、国のために尽くせよ、ということでしょうか。

注意したいのは、一九四四年に刊行された最後の『初等国史』では、「外国のすぐれたところをまなび」という一文が削られたことです。決戦体制下、こうした表現はよほど都合が悪かったのでしょう。「皇国の道」のみを強調する事態に追い込まれていくことになります。

植民地朝鮮では、このようにして、教育勅語は教育支配の中心に位置づき、植民地の人々の精神をさまざまに抑圧する働きをしていたことがわかります。教育勅語は、日本人が優秀な民族であり、異民族を支配するにたる資質を備えているとする、排他的で自民族中心主義の意識を形成する重要な役割を担っていたのです。他民族への差別意識を生みだした根拠に教育勅語はしっかり据えられていたのです。

第4章　教育勅語はなぜ廃止になったの？

教育勅語の運命は、一九四五（昭和二〇）年八月一五日の日本の敗戦により、大きく変わります。

世界を敵に回して戦争をすすめた大日本帝国自体が崩壊した時、大日本帝国を支えてきた教育勅語もまた、その存在を厳しく問われることになりました。しかし、その成り行きは一筋縄ではいかず、紆余曲折（うよきょくせつ）の後、終戦から約三年後の一九四八（昭和二三）年六月一九日、国会での全会一致の排除・失効決議によって決着をみます。国会決議に至る経過をたどり、そのうえで国会決議の内容と意味を考えたいと思います。

（1）出発点は「ポツダム宣言」

戦後の日本政府が教育勅語をどう扱うのか。その出発点は、一九四五年七月二六日のポツダム宣言です。

ポツダム宣言は、日本との戦争を戦い抜いてきたアメリカ、イギリス、中国が、日本に示した降伏条件です。それは「我々の条件は以下の条文で示すとおりであり、これについては譲歩せず、我々がここから外れることも又ない。」（第五項）と確固たるものでした。日本はそれらを受諾することで降伏を認められ、戦争を終結することができました。日本政府の受諾は八月一四日、その翌日に昭和天皇の「玉音放送」で降伏が全国民に知らされました。

ポツダム宣言の特筆すべきことは、降伏条件の中心に日本の国内体制の民主化をおいたことです。ポツダム宣言が日本国に求めた中心は次の点です。

――日本国民を欺いて世界征服に乗り出す過ちを犯させた勢力を永久に除去すること（第六項）。

――満州、台湾などを中国へ返還し、朝鮮を解放・独立させるなど、日本は元の領土に戻ること（第八項）。

――日本国国民における民主主義的傾向の復活を強化し、これを妨げるあらゆる障碍を排除すること（第一〇項）。

――言論、宗教及び思想の自由並びに基本的人権の尊重を確立すること（同上）。

国内の政治体制は、簡単にいえば軍国主義の除去と民主化です。その基準に照らせば、教育勅語の廃止は必然だったといえます。

日本の支配層の抵抗とGHQの政治判断

しかし、それはすんなり決まりませんでした。

日本の支配層は、戦争に負けたからといって、今までのことをすべて反省する意思はなく、教育勅語は引き続き教育の根本に置くつもりでした。文部省の有力者は戦後の教育再建について「国体護持という筋金をもった教育計画」が必要だと語っていました（一九四五年八月二七日付「朝日」）。前田多聞・文相は、新教育方針中央講習会の場で、「教育勅語の謹読」を訓示します（一〇月一五日）。国民にしても、戦争が終わってほっとしたのでしょうが、天皇を神として崇（あが）めるマインドコントロールは、すぐに解けるものでもありません。

さらに、日本を間接統治した連合国軍最高司令官総司令部（以下GHQ）にも、事情がありました。占領行政を効果的にすすめるために天皇を利用する決断をしたことです。

アメリカは日本と戦争しながら、将来の占領に備えて日本の教育を調査・研究し、日本の臣民養成の中心に教育勅語があることも知っていました。天皇利用という政治決断は、軍国主義的教育の停止措置を進めながらも、天皇に直接つながっている教育勅語には慎重な態度をとるという、占領政策の一定の変化をもたらします。

国内外の世論と教育勅語処理

しかし、軍国主義の重圧から解放された日本国民のなかには、民主主義への覚醒の流れは日に日に強まり、教育勅語への確固とした批判がうまれます。また、国際的にも日本の民主化を求める連合国とその国民から、教育勅語のあいまいな処理への批判がうまれます。こうした国内外の世論のなかで、日本政府とＧＨＱの教育勅語処理は、一歩一歩進んでいったのでした。

（2）すったもんだの三年間——国内外の世論の中で

新教育勅語を求める（一九四五年末～一九四六年二月）

そのプロセスは三年間にわたるすったもんだでした。その最初の段階は、新しい教育勅語を出してほしいという要請でした。敗戦直後から三代にわたり文部大臣は教育勅語を評価します。ただそれは、教育勅語は軍国主義によって悪用されたが、なかには大事な「人の道」もあり、こうした部分は引き続き重要だ、という主張でした。

ただし、「教育勅語は全面的に正しい」とはいえませんから、〝何か新しい道徳規準を天皇にもう一度だしてもらおう〟という「新勅語奏請論」がでてくるわけです。

たとえば、米国教育使節団※に対応するための日本側教育家委員会は一九四六年二月、「従来の教育勅語は決して誤りではないが、いまの時勢には合わないので、平和主義による新日本建設の根幹となる国民教育の指針となるような新しい勅語をたまわりたい」旨の意見書を文部省に提出します。

※米国教育使節団……占領下の日本の教育改革について勧告するために、GHQの要請で来日した、アメリカの教育家の使節団。一九四六年三月に来日、約一か月間滞在し、日本の教育の民主化、六・三・三制などをふくむ報告書をGHQに提出しました。

この背景には、GHQのなかで教育政策を担当するCIE（民間情報教育局）が一九四五年末から一時期、新勅語をつくる構想に傾いていた事情があります。

しかし新勅語の構想は国民から不評をかい、[※]やがて沙汰やみとなります。

※新聞は批判の社説をかかげました。例えば「朝日」は、「憲法草案（三月六日公表――引用者）は……思想良心の自由……を認めている。教育の内容は与えられるものではなく、……人民自ら自主的に行うというものであろう。これを政府が教育政策の根本として示しているのに、同じ政府が国民道徳の基準を天降り的に付与しようとするのは、おかしなことである」（一九四六年三月二〇日付）と指摘します。

教育勅語の奉読を中止（一九四六年一〇月）

教育勅語への国の対応が定まらないもとで、学校では相変わらず教育勅語を使っていました。これにたいし文部省は一九四六年三月、国民学校令を改正し、学校の儀式で勅語奉読を義務づけ、学校教育は勅語の趣旨に則るとしていた項を削除します。しかし、これは奉読の義務付けをなくしたもので、奉読禁止ではありません。実際、その後も学校行事で奉読する学校は少なからずありました。教育勅語の謄本（コピー）は引き続き全国の学校で保管されていました。

三月三一日、米国教育使節団は報告書を発表。そのなかで「教育勅語を儀式に用いること」の「停止」を提案します。これはいわくつきのもので、いったんは「恒久的廃止」と決めたものを、激論の末、天皇制を残して利用する占領方針に配慮して「奉読停止」に差し替えたものでした（鈴木英一「モントレーの丘に立って」佐藤秀夫編『続・現代史資料(10) 教育3』月報）。

しかし日本政府はすぐには動きません。国会では、田中耕太郎文部大臣が「教育勅語……は廃止する必要がないばかりでなく、かえってその精神を理解し昂揚（こうよう）することが必要である」（六月二七日、衆議院本会議での答弁）と勅語存続論を説いてやまない状況です。

これではCIEも検討せざるを得ません。九月四日、ニューゼントCIE局長・田中文部大臣会談がもたれ、打開策が話し合われます。

これと並行して、日本政府に戦後の教育制度を検討するための教育刷新委員会が発足し、活動をはじめていました（一九四六年八月〜五二年六月）。文部省の影響を排除するため総理大臣直属として組織され、委員には南原繁東大総長など政府寄りでない人々も加わります。九月にさっそく教育勅語の扱いと新しい教育理念が議論され、新勅語の奏請を議決、教育勅語の廃止が有力な意見となるとともに、教育勅語の奉読禁止の方針が了承されます。※

※ただちに廃止すると国民の道徳が空白になることが心配され、当面の繋ぎとして、その年の一一月に予定されていた憲法公布の際の天皇の勅語に「今後の教育は憲法に基づいて定める」旨を盛り込むことを確認します（同委員会第一特別委員会、九月二三、二五日）。

しかし、その確認は実現しませんでした。

それが一〇月八日文部省が文部次官名でだした、通牒（つうちょう）「勅語及詔書等の取扱について」です。通牒というのは今でいえば通達、通知にあたるものです。

通牒は「式日等に於（お）いて従来教育勅語を奉読することを慣例としたが、今後は之を読まないことにすること。」と明記しました。ここで学校での奉読を行わないことが国の方針として確立します。

同時に、この通牒では「教育勅語をもって我が国教育の唯一の淵源（えんげん）となす従来の考え方を去って、これと共に教育の淵源を広く古今東西の倫理、哲学、宗教等にも求むる態度を採るべきこと。」とあります。これによって教育勅語は、教育の唯一の淵源ではなくなりますが、いくつかある教育の淵源の一つという位置づけが残りました。また通牒は、勅語は引き続き各学校で保管されるべきともしました。

教育勅語にかわる教育基本法

新しい憲法の準備がすすみ、日本の国家体制が天皇主権から国民主権へ転換していくことが誰の目にも明らかとなっていきます（「憲法改正草稿要綱」は一九四六年三月に公表、「憲法原案」は同年五月に国会に提案）。

教育刷新委員会では、新憲法の主権在民の原則にそった教育の原則を明確にするための、教育基本法の検討にとりくみます。これは教育勅語にかわる、新しい教育理念を法律によって定めることを意味しました。刷新委員会は一九四六年一二月二七日、正式に教育基本法の制定が必要である旨の建議を採択し、条文の詳細な検討をすすめます。

こうしてできたのが教育基本法です。一九四七年三月三一日に国会で可決し、即日公布・施行されました。

極東委員会、教育勅語の排除を議決（一九四七年三月）

経過からすれば、教育基本法が教育勅語にかわるものであることは明らかでしたが、同法制定にいたる国会での政府の答弁ぶりは迷走します。

高橋誠一郎文部大臣の国会答弁は、これからの教育理念は教育基本法にあり教育勅語の拘束力はなくなる旨を述べる一方で、「教育勅語と教育基本法は矛盾するものではない」「教育基本法案のなかには教育勅語の良き精神が引き継がれている」などの発言を繰り返します。

こうしたあいまいさが、国際社会から批判されることになります。GHQ内には教育基本法に教育勅語無効の条文を盛り込む意見もありましたが、寝た子をおこすとして、そうしませんでした。しかし、GHQの上級機関である極東委員会は三月二七日、「勅語・詔書は、教授・研究あるいは学校における儀式のよりどころとして使用されるべきでない」という決定を下します（「日本教育制度改革に関する政策」）。ここではじめて、連合国として教育勅語は教育全体として使用されるべきでないという決定が下ります。さらに四月九日、極東委員会第四委員会でソ連代表が、教育基本法は教育勅語排除を欠いているとして、排除を可能とする議事日程を求めます。イギリス代表は、主張はわかるが、ＧＨＱが時間をかけて調べ、是正措置がとられるだろうと述べます。

教育勅語の排除失効決議へ（一九四八年）

極東委員会での議論は無視できず、ＧＨＱは対応策の調整をはじめます。

当時、国内では民主化の世論が発展し、四七年四月の総選挙では社会党が第一党となり、片山哲内閣が誕生します。極東軍事裁判（いわゆる東京裁判。Ａ級戦犯への判決言い渡しは一九四八年一一月）で裁かれなかった昭和天皇にたいし、退位を求める世論も広がります。国際的にも天皇制への批判が強まり、ニューヨーク・タイムズは四八年五月、社説で天皇制廃止をかかげます。またこの時期は冷戦の本格的な始まりの時期でもありました。歴史は錯綜（さくそう）し、大きくうねりながら激動していきます。

ＧＨＱが動き出したのは一九四八年五月です。ＧＨＱの民政局（ＧＳ）は、当時、参議院文教委員長になっていた田中耕太郎元文部大臣を呼び出し、国会決議で教育勅語無効の決議をあげるように求めます。これにたいして田中は次の二点から反論します。①すでに教育勅語は自らも準備に参画した教育基本法で廃止となったのだから、いまさら無効決議を行う必要がない、②法律を無効にする権限は最高裁判所の権限であり国会のものではない――注意したいのは、かつて教育勅語を擁護した田中は、教育基本法制定をへて、教育勅語は自分たちで廃止したのだと認識を進めていたことです。

両者間で議論がたたかわされ、〝無効にする〟ではなく〝すでに失効していると確認する〟決議にすることで落着します。

(3) 排除・失効の国会決議の意味は大きい

こうして、国会決議がおこなわれます。

一九四八年六月一九日、衆議院は教育勅語の排除決議を、参議院は失効決議をそれぞれの本会議で、全会一致で採択しました。

正式名称は、衆議院は「教育勅語等排除に関する決議」、参議院は「教育勅語等の失効確認に関する決議」です。国権の最高機関の決議であり、その後の政府を拘束している重要な決議です。

効力なしを宣言し謄本の回収を命じる

衆参両院の決議の全文はそれぞれ簡潔なものです。巻末の資料をご覧下さい。両者は微妙に違っていますが、教育勅語は効力がないという点と、その謄本の回収を政府に命じている点は共通しています。

参議院の方は、田中耕太郎文教委員長の意見を反映し、教育基本法を制定した結果、教育勅語はすでに効力を失っているということを強調しています。

衆議院の方は、あまりその点にこだわらず、憲法の条規に反する一切の法律、命令、詔勅(しょうちょく)などは効力をもたないとする憲法九八条を根拠として、教育勅語を排除することを押し出しています。

基本的人権、憲法と相容れないという認識

排除・失効決議でとくに重要だと思うのは、以下の三つの点です。

第一は、そこで示された教育勅語についての認識です。

衆議院の排除決議は、「これらの詔勅の根本理念が主権在君並びに神話的国体観に基いている事実は、明かに基本的人権を損い、且つ国際信義に対して疑点を残すもととなる」としました。

教育勅語は主権在君と神話的国体観念に基づくものであると認定し、そうである以上、基本的人権と相容れず、国際信義にも反することになるということです。国際信義とは、日本政府がポツダム宣言受諾によって、世界各国に軍国主義の排除と民主主義の確立を誠実にすすめることを約束したことについての信義です。

国会の決議採択をうけて文部大臣が発言をもとめ、許されて衆参それぞれの本会議の場で発言したその内容も重要です。

森戸辰男文部大臣※はこう述べました。

※一八八八年一二月二三日～一九八四年五月二八日。日本社会党（当時）の国会議員。戦前、ロシアの無政府主義者であるクロポトキンの翻訳が発禁処分となり、新聞紙法違反で投獄された社会思想家。のち、中央教育審議会会長。

「敗戦後の日本は、国民教育の指導理念として民主主義と平和主義とを高く掲げましたが、これと矛盾せる教育勅語その他の詔勅に対しましては、教育上の指導原理たる性格を否定してきた」

「さらに思想的に見まして、教育勅語は明治憲法を思想的背景といたしておるものでありますから、その基調において新憲法の精神に合致しがたいものであることは明らかであります。教育勅語は明治憲法と運命をともにいたすべきものであります。」

すなわち、教育勅語は、民主主義と平和主義という戦後の国民教育の理念と矛盾し、新憲法の精神と合致することは不可能であるという認識です。

さらに森戸大臣は「将来濫用(らんよう)される危険も全然ないとは申されません」と述べ、「本決議の精神の実現に万全を期したいと存じておる次第でございます」と締めくくっています。主権在君と神話的国体思想を去り、主権在民の憲法体制を選択した以上、教育勅語は日本の公教育からの排除を完了する以外にない。これが国会と政府の下した結論でした。

「部分的真理論」は通用しない

第二は、決議にいたる討議のなかで、教育勅語の「部分的真理論」は通用しないことが明らかにされたことです。

「部分的真理論」というのは、勅語に未練のある人々が「教育勅語にも『父母ニ孝ニ』など現在にも通ずる部分がある」と遠回しに勅語を支持する議論です。衆議院決議を提案した松本淳造議員（衆議院文教委員長、日本社会党）は次のように述べました。

「われわれは、その教育勅語の内容におきましては、部分的には真理性を認めるのでありますす。それを教育勅語のわくから切り離して考えるときには真理性を認めるのでありますけれども、勅語というわくの中にあります以上は、その勅語そのものがもつところの根本原理を、われわれとしては現在認めることができないという観点をもつものであります。それが憲法九八条（「（憲法の）条規に反する法律、命令、詔勅……は、その効力を有しない」——引用者）にも副わないゆえんであります」

じつは衆議院の決議案には当初、「これらの詔勅の内容は部分的に真理性が認められる」という文言が入っていました。それを文教委員会内の話し合いを通じて削除となり、右の演説となった経過があります。

例えば勅語の「父母ニ孝ニ」を、勅語の枠から切り離し勅語的な要素を取り除けば、「親孝行」となるでしょう。しかし、勅語という枠の中にある「父母ニ孝ニ」はすでに見た通り、ただの「親孝行」ではすまない、主権在民の精神とは相容れないものです。それはどんな徳目についてもいえるものです。それが松本議員の演説です。議論の末、松本議員が「わくからきり離せば」を真理性の条件としたことは、重要な認識の発展だったのです。

「専制君主の命令で国民に強制したことに間違いがある」

参議院文教委員会では羽仁五郎議員※が次のように述べたことも注目されます。

※一九〇一年三月二九日～一九八三年六月八日。革新系無所属議員。歴史学者。戦前軍国主義に抵抗し、治安維持法違反などで投獄。

「教育勅語に述べられておる内容には……中略……反対する必要がないものもあるというような考えもありましたが、そういう点に問題があるのでなくて、たとえ完全なる真理を述べておろうとも……中略……、専制君主の命令で国民に強制したというところに間違いがある。」

立憲主義、国民の思想・良心の自由の不可侵性を端的に述べています。どんな道徳をもつかは、一人一人の思想・良心に属することであり、仮にどんな「完全なる真理」であったとしても、それを専制君主が人々に強制することは、許されません。それは、民主的な国家であろうとも同様でしょう。

この議論は教育勅語を書いた井上毅のことを思い出すような議論ですが、羽仁五郎は実際、井上毅の議論をとりあげている「朝日」のコラム「天声人語」を引き合いにして討論しています。

決議は政府を拘束する

第三は、排除・失効国会決議はその後のすべての内閣を拘束していることです。衆議院での排除決議は、「政府は直ちにこれらの詔勅の謄本を回収し、（教育勅語）排除の措置を完了すべきである」と締めくくられています。

衆参両院の決議をうけて文部省は六月二五日、文部次官通達「教育勅語等の取扱について」をだします。その全文は次のとおりです。

文部省通達「教育勅語等の取扱について」（一九四八年〔昭和二三年〕六月二五日）

「教育ニ関スル勅語」その他の勅語、詔書等の取扱に関しては、昭和二十一年十月八日付発秘三号をもつて通ちよう（ママ）したが、今般衆、参両院において別紙のような決議がなされたから、その趣旨徹底について遺憾のないよう万全を期せられたい。

なお、本省から交付した「教育に関スル勅語」等の謄本で貴管下学校等において保管中のものを貴職において取りまとめのうえ、左記様式（略）による返還書を添え、至急本省へ返還方処置されたい。

右以外の勅語、詔書についても前記決議の趣旨に則り適当な処置を講ぜられたい。

文部省通達では保管中の謄本の返却を指示するとともに、「その（衆、参両院の決議——引用者）趣旨徹底について遺憾のないよう万全を期せられたい」と明記しています。決議の趣旨とは、基本的人権を損なう教育勅語の排除・失効そのものであり、その徹底とは衆議院決議の言葉を借りれば「排除の措置」の「完了」ということになります。こうして、国会決議はただ立法府内にとどまらず内閣に排除の措置を求め、文部省はみずから

「趣旨徹底」することを自らと全国の都道府県知事と学校長等に課したものです。そして、この通達は今日でも政府・文部科学省が引き継いでいることが確認されています。

またその後の文部科学省は、当時の森戸文部大臣の発言も引き継いでいます。

近年、教育勅語のことで文部科学省の担当者の話を伺う機会がありましたが、そのとき最初に担当者の口からでた言葉が、「戦後の国民教育は民主主義と平和主義の理念にもとづいていて、教育勅語はそれと相容れないものと考えております」という趣旨のものでした。あとで調べてみると、すでに引用した一九四八年の森戸大臣の発言と同じ文言だったことに驚きました。

大きな犠牲をはらって終わった日本の戦争。その敗北によって民主主義の道を選択した日本国。多くの議論を重ねて、たどりついた教育勅語の排除・失効決議。そこには、戦前の日本とは何だったのか、それをのりこえて個人の尊厳を打ち立てていくということはどういうことなのかが詰まっている気がしてなりません。一九四八年の国会決議は教育勅語にたいする日本国の立場の根本として、国民が立場の違いをこえて共有していきたいものです。

第5章　戦後七〇年以上たった国会で史上最大の論戦！

一九四八（昭和二三）年六月一九日の全会一致の排除・失効決議。これで、教育勅語は国家的にジ・エンドとなりました。

しかしその後も、教育勅語への未練を断ち切りがたい保守的な政治家は、勅語を評価する発言を続けます。ただ、そうした発言が政府の方針にリンクすることはありませんでした。※

※戦後、国民の道徳形成のためとして、政府内から道徳要領的なものを提唱する動きはありました。たとえば一九五一（昭和二六）年の天野貞祐文部大臣（当時）が発表した「国民実践要領」です。同要領は「天野勅語」などと批判され不発に終わりました。同時に、「天野勅語」にしても、国体思想に基づく教育勅語の世界とはおのずから隔たりがあり、本書は教育勅語そのものにテーマを限定しています。

ところが、戦後七〇年以上たち、排除・失効決議からは六九年たった二〇一七年、〝教育勅語を教材として使ってもいいのではないか〟という使用容認論が政府のなかから飛び出します。当然、国会（第一九三通常国会、会期一月二〇日〜六月一八日）で大きな問題となり、結果として国会史上最大規模の教育勅語をめぐる論戦がおこなわれることになりました。

本当に教育勅語の使用は可能なのか？　戦後生まれの議員たちの挑戦は成果をおさめました。

（1）「教育勅語は学校教育では使わない」

〝教育勅語は終わった話〟で共通していた

〝史上最大の国会論戦〟をみる前に確認しておくことがあります。政府が長年にわたって、教育勅語に否定的な立場をとってきたことです。

歴代の文部大臣には、個人的には教育勅語をなつかしんだり、評価する政治家もいました。しかし、そういう政治家も、文部大臣あるいは政府としてどうかと問われれば、〝教育勅語は終わった話〟と毅然（きぜん）とこたえます。その様子を当時の三つの国会議事録でご紹介します。

排除・失効決議から八年――一九五六年三月九日、参議院予算委員会

はじめの議事録は、排除・失効決議から八年たったときのものです。

質問者は中山福藏（一八八七年～一九七八年）議員。中山は戦前から保守的な国会議員で、一族には中山太郎など国会議員が多くいます。答弁者は清瀬一郎文部大臣（一八八四年～一九六七年）。戦前リベラルな弁護士から政治家になり、一九三〇年代以降は陸軍に接近、東京裁判では東条英機の弁護人を務めます。のちに一九六〇年の「安保国会」の時の衆議院議長などを歴任しました。

議事録を読んでいくと、清瀬大臣も「世間で誤まっておったとは非難されますけれども、……（昔は）教育勅語があったのです」と答弁するなど、自分たちが育った時代の教育への郷愁をにじませます。しかし、〝国民道徳の確立をどうするんだ〟〝憲法や教育基本法から離れて明示されたい〟と質問されれば、「一口で言えば人格の完成でございます。昔の言葉で言えば徳器の成就でございます。これが教育の目的です。」と答弁します。「徳器の成就」という勅語の言葉を引用はしますが、「人格の完成」（教育基本法）という戦後教育の理念を中心にすえての答弁です。また、大臣は当時のソ連や中国の教育を引き合いに出して、なんでも国家のためという教育はよくないのだと述べ、「個人の尊厳、個人の人

格」を力説。そのうえで、教育は魔術のようにはいっぺんには参らない、時間をかけて人格の完成をすすめていきたいと答弁をしめくくりました。

排除・失効決議から二六年後——一九七四年三月二二日、参議院予算委員会

次は、タカ派同士のやりとりです。

質問者は内藤誉三郎（たかさぶろう）議員（一九一二年～一九八六年）。戦前からの文部官僚で、戦後は組合弾圧に辣腕（らつわん）をふるい、「鬼の内藤」と呼ばれた人物です。答弁者は奥野誠亮（せいすけ）文部大臣（一九一三～二〇一六年）。戦前は鹿児島で特高課長、戦後は自治省官僚をへて政治家になり、「みんなで靖国神社に参拝する国会議員の会」初代会長です。いずれも知られたタカ派の政治家でした。

内藤議員は〝戦前は教育勅語があった。しかし今は「精神的空白」だ。お隣の中国では毛沢東語録を教育勅語のように徹底していて、中国国民は精神的に立ち直り、目を見張るような状況だ〟と述べ、日本も「教育を本道に戻す」ための「教育憲章」が必要と、その立法化を求めます。中国を無法状態におとしいれた毛沢東派の権力闘争＝文化大革命を、タカ派政治家が持ち上げるのは妙な気もしますが。

内藤質問に対し奥野大臣は、戦後の教育勅語の処理はいろいろな経過があったが、「教

育基本法を制定することによって教育勅語にかかわるものの議論に終止符を打つという態度を当時とられたように私理解をしているわけでございます。」と答弁、教育憲章制定については、「いまの段階におきましては一つの有意義な御提案だと、こう受け取らしていただく以外にはない」といなしました。

「学校教育において使わない」

三番目は、一九八三年に勅語を実際に使用していた学校が発見され、国会でとりあげられた時の議事録です。

排除・失効決議から三十五年後――一九八三年五月一一日、参議院決算委員会

質問者は、日本社会党（当時）の本岡昭次議員（一九三一～二〇一七年。第二四代参議院副議長）。島根県のある私立高校が、「建国記念の日」の学校行事で教育勅語を奉読していたことを追及しました。これに対し政府は「教育勅語は学校教育で使用してはならない」と明言します。

「教育勅語の扱いについては、本岡さん御存じのとおり、いまも初中局長からも御説

明申し上げましたが、昭和二十一年及び二十三年、自後教育勅語を朗読しないこと、学校教育において使わないこと、また衆参両議院でもそういう趣旨のことを決議されております。」（瀬戸山三男・文部大臣）

「教育勅語の扱いにつきましては、学校という公の教育を行う場におきまして教育活動の中で取り扱ってはならないということは、学校を経営する者はわかっているはずのものでございますし、その点が確かに不徹底であるということは松江の例であろうと思いますけれども、必ずしもこのような例が多いというふうには思いませんので、私どもとしては、これを契機にいろんな形の会議等の指導は徹底いたしたいと思いますけれども、一律の調査なり通達によってこれを行うというところまでは、いまのところ考えておらないということを再び申し上げさせていただきます。」（鈴木勲・文部省初等中等局長）

なお瀬戸山大臣は答弁の中で、「教育勅語そのものの内容については今日でも人間の行いとして、道として通用する部分もあります」とも述べますが、結局、そのあとで「けれども、教育勅語の成り立ち及び性格、そういう観点からいって、現在の憲法、教育基本法のもとでは不適切である、こういうことが方針が決まっておるわけでございます。」と続けます。要するに、個々の徳目には内容的にいいものもあるが、勅語の枠の中にある限り、不適切だという結論です。それは、全会一致の排除・失効決議をふまえれば当然の態度でした。

(2) 疑惑の森友学園、園児が教育勅語暗唱

安倍政権と関係の深い幼稚園での「暗唱」

ところが、二〇一七年の第一九三回国会で、それまで「学校では使用できない」としてきた政府答弁が、教材として使用しうるかのような答弁に変わります。※

※実は、その前哨戦が二〇一四年にもありました。同年四月八日、下村博文文科大臣(当時)が「教育勅語の中身そのものについては今日でも通用する普遍的なものがあるわけでございまして、この点に着目して学校で教材として使う、教育勅語そのものではなくて、その中の中身ですね、それは差し支えないことであるというふうに思います」と答弁

教育勅語の暗唱を行っていた塚本幼稚園の朝礼
（2017年２月、大阪市淀川区。写真提供：共同通信社）

したのです。その時は、直後の四月二五日に日本共産党の宮本岳志衆議院議員が追及し、「教育勅語そのものを教材として使うということは考えられない」（前川喜平・初等中等局長、文部科学委員会）と押し戻しました。この国の立場に変更がないことは、いま語られている第一九三国会の初期の二月二三日、宮本岳志議員が確認していました（衆議院予算委員会第四分科会）。本書でふれるように、それが三月以降、別の答弁にかわっていったのです。

発端は、安倍晋三政権の森友学園疑惑です。当時、テレビは大阪市に本部のある学校法人・森友学園と安倍政権との関係を連日とりあげていました。疑惑の中心は、同学園が大阪府豊中市で開設をめざした「瑞穂の國記念小學院」（当初は「安倍晋三記念小学校」を名乗る）が、国有地を八億円も値引きされ取得するという破格の扱いを受けていた問題です。役所としてあり得ない〝厚遇〟が幾度も重なり、首相官邸などの強い政治力が働いたことが予想されるケースでした。

その森友学園が経営していた塚本幼稚園（大阪市）で、園児が毎朝、教育勅語を暗唱させられていました。筆者は関係者から直接話を伺う機会をえました。にわかには信じがたい幼子の心身を傷つける多くの行為がありました。その中で、「教育勅語だけでなく、五箇条の御誓文、君が代の暗唱があり、できないと嫌がらせがひどい」ともおっしゃっていました。

「人種的偏見と詐欺スキャンダル」

この幼稚園の様子は、繰り返しテレビで放映されました。そのなかには、運動会の宣誓式で園児が「日本を悪者として扱っている、中国や韓国が心改め、歴史教育でウソを教えないようにお願いいたします」「安倍首相がんばれ、安倍首相がんばれ、安保法制　国会通過よかったです」と〝宣誓〟するショッキングな場面もあります。設立予定だった小学校の名誉校長をつとめた安倍昭恵夫人は、この幼稚園にも幾度も足を運び、園児たちが「安倍首相がんばれ」と唱和すると涙を浮かべる姿も放映されました。

この問題は海外からも強い関心がよせられます。ニューヨーク・タイムズの記事の見出しは「幼稚園の人種的偏見と詐欺スキャンダルに関連している日本のファーストレディー」です。※

※"Bigotry and Fraud Scandal at Kindergarten Linked to Japan's First Lady" ニューヨークタイムズ、二〇一七年二月二四日付。

安倍晋三首相は当初、「(森友学園の籠池泰典理事長は) 私の考え方に非常に共鳴している方」「妻から森友学園の先生の教育に対する熱意は素晴らしいという話を聞いている」と答弁しますが、旗色がわるくなると「教育の詳細は全く承知していない」と答弁を変えていきます。

使用可能な領域を

当時の塚本幼稚園のホームページには、「教育方針」で一二の徳目と教育勅語全文がかかげられ、「園長の部屋」では籠池泰典園長(当時)が「教育勅語的精神に基づく教育をする塚本幼稚園」と書いていました。

「教育勅語を学校教育では使わない」とするこれまでの国の立場からすれば、園長自ら「教育勅語的精神にもとづく教育」と書き、園児に勅語を毎朝暗唱させていれば、その是非が当然問われるはずです。それまでの政府であれば、「それがもし事実であれば遺憾なこと」という場面だったと思います。

ところが時の安倍政権は、多くの閣僚が教育勅語や戦前の日本にシンパシーを抱く極右思想に近い政治家でした。[※] 教育勅語の暗唱を、むしろ守ろうとする力学が働いたのではないかと思います。

※当時の安倍政権は閣僚の四分の三が極右勢力の「日本会議」のメンバーで占められていました。その主張はつまるところ「日本の起こした戦争は正しいもので、敗戦以降の憲法制定を中心とした日本の民主化や平和主義は、日本を弱体化させるGHQの陰謀である。そうした戦後体制を否定し、日本を取り戻さなければならない」ということです。とくに戦後教育は悪く思われています。

政府は「使ってはならない」という答弁はせず、〝教材として使うこと全てが否定されているわけではない〟、すなわち、場合によっては使用できるという、学校での教育勅語の使用可能な領域をつくる方向に舵をとります。

四〇人以上の国会議員が

これは、それまでの政府の態度をくつがえしかねない、重大な変更でした。全国紙は、産経新聞をのぞくすべての新聞でいっせいに批判の社説をかかげます。

国会でも多くの議員がとりあげるにいたりました。私の調べでは、教育勅語に関する論戦にたった議員は衆参でのべ四二人にのぼります。複数回とりあげた議員もいるので、議員としては三九人の議員が質問に立ちました。さらに一〇本の文書質問が行われ、それを加えると四一人の議員が質問したことになります。※

※枕詞的に政権の勅語容認的態度を批判する場合をのぞき、教育勅語について政府と直接やり取りした質問をひろった数。文書質問には、教育勅語使用が許されるならヒットラーの『わが闘争』を教材として徳目も教えられるのかという三本の質問を含みます。なお、本書でとりあげた野党議員の政党名は、すべて質問時のものです。

戦前戦後の国会の歴史でこれだけの規模で教育勅語が議論されたことはありません。戦後七〇年以上たった時に、国会史上最大の教育勅語をめぐる論戦がおきたのです。安倍晋三首相に従う保守系議員が多数を占める議場で教育勅語をとりあげると、威嚇や冷やかしの言葉や視線がむけられるのが通常です。その雰囲気のなかで政府の姿勢をただす質問が相次ぎました。

論戦は、①教材としての使用の可否、②教育勅語そのものの評価の二つの論点をめぐっておこなわれます。以下、議事録もひもときながら、論戦が何を明らかにしたのかを述べたいと思います。

(3) 政府、使用可能の答弁へ

排除・失効決議を尊重すべき政府が、幼稚園での教育勅語の毎朝暗唱を、批判することなく、どうやりすごすのか。

当初は、教材として使うことは考えられないという以前の答弁について「その立場は変わっているものではない」と述べるなど、戸惑っている様子も見受けられます(前出、二月二三日衆議院予算委員会第四分科会、宮本岳志議員に)。しかし月がかわって三月になってから、国は二つの新たな論理を持ち出してきました。

憲法等に反しない形で用いることは可

その第一は、教育勅語を教材として全否定はできない、条件付きの使用ならあり得るという論建てです。もし、そこがクリアできずに教材として一切認められないとなれば、幼稚園での毎朝暗唱は無条件に問題ありとなり、ジ・エンドとなります。

そこをクリアした論建ては次の通りです。

「憲法や教育基本法等に反しないような形で教育勅語を教材として用いることまでは否定されないと考えている」（民進党・初鹿明博衆議院議員への政府答弁書。二〇一七年三月三一日付）

ここで引用した政府答弁書というのは文書質問への回答のことです。国会中継などでは見られませんが、閣議決定の手続きをへた総理大臣名のオーソライズされた答弁という面があります。国会の議場でもこの答弁が繰り返し答弁に使われました。いわば政府の確定答弁です。

さて、この答弁を支えているのは、教育勅語はこれまで毎年教材として使われてきたという事実です。

「えっ?」と思われるかもしれませんが、歴史の教科書では中学も高校も必ず教育勅語にふれているという、「なんだぁ」という話です。たとえば、東京書籍発行の中学歴史教科書は本文で「憲法発布の翌年には教育勅語も出されて、忠君愛国の道徳が示され、教育の柱とされるとともに、国民の精神的な拠り所とされました。」と書き、脚注で「あなたたち臣民は、親孝行し、……天地とともにきわまりない皇室の運命を助けなければならない」など勅語の口語訳をのせています。

しかし、この答弁は子どもの必死の言い訳のような、屁理屈の域をでません。それまでの「使ってはならない」という答弁は、歴史の教科書に教育勅語がでていることを前提に、学校行事や道徳など学校教育から教育勅語の肯定的な使用を一掃するという意味だったからです。そんな経過を無視して、〝使用すべてが禁じられているわけではない〟と言い出せば、〝教育勅語は使うことはできないという政府の態度は変わったのだ〟と多くの教育関係者の忖度(そんたく)をうみだす政治的効果すら持ちえます。そんな忖度を期待しての答弁変更かもしれません。

さらに国は、何を教材とするかは法令上学校の一定の裁量があり、政府が上から「これを教材にするのは一律禁止」というのはいかがなものか、とも言いました。学校現場からすれば、さんざん学校の裁量を奪っておきながら、自分の都合のいい時に裁量を持ち出すご都合主義に見えるだけです。

しかし、答弁書が「憲法や教育基本法等に反しないような形で」と、教材使用の範囲を示したことは、注目すべき事柄です。それは後に詳しく見るように、憲法を土台にしている排除・失効決議との矛盾を避けるためのやむを得ない限定でした。

「所轄庁が判断すること」

この限定からすれば、教育勅語的立場の教育をかかげ、毎朝暗唱させることは、はたして「憲法や教育基本法等に反しないような形」なのかどうかが問われ、結局は「問題あり」となるはずです。

しかしここでも国は、逃げ道を用意していました。それが第二の論建てである、「所轄庁が判断すること」という口上です。

「個別具体的な状況に即して判断されるべきものであり、一概にお答えすることは困難である。
その上で、一般論として、……中略……不適切な教育が行われている場合は、まずは、当該学校の設置者である市町村又は学校法人等において、必要に応じ、当該学校に対して適切な対応をとり、都道府県においても、必要に応じ、当該学校又は当該学校の設置者である市町村若しくは学校法人等に対して適切な対応をとることになる。また、文部科学省においては、必要に応じ、当該学校の設置者である市町村又は当該都道府県に対して適切な対応をとることになる。」（民進党・逢坂誠二衆議院議員への政府答弁書。二〇一七年三月七日付）

まどろっこしい答弁ですが、要するに、「所轄庁が適切に判断すること」だと、「所轄庁」に丸投げして国の態度表明をしないですまそうというのです。毎朝暗唱という、戦前を彷彿（ほうふつ）とさせる（正確にいえば、あんなふうに園児が大きな声で怒鳴るように朗唱するのは、厳かとはいえず、戦前とは違うのですが）やり方を目の前にしても、「所轄庁が……」と言うわけです。地方自治体が動かなければ、教育勅語の肯定的使用が相当の期間、野放しになりかねません。

余談ですが、文科省関係者は「学校式典で校長が奉読したら戦前と同じ形式だから国としてまずいといえるが、毎朝、園児が暗唱というのは校長奉読とは違うから微妙だ」「幼児は意味がわからないので、勅語暗唱は言葉遊びの一つととれなくもない」と神学解釈的な議論もしていました。幼児に教育勅語を暗唱させてもなるべく問題視しないでおこうという官僚たちの空気は、残念なことです。

この話にはもう一つ余談があって、政府としては暗唱については判断しないとしているのに、前向きな判断をした答弁者が出たことです。

安倍首相に近い義家弘介（よしいえひろゆき）・文科副大臣（当時）が、毎朝の朝礼で教育勅語を朗唱することは問題があるかどうかを聞かれ、「教育基本法に反しない限り問題のない行為だろうと思います」と答弁（二〇一七年四月七日、衆議院内閣委員会、民進党・泉健太議員に）し、「問題はない」と評価、判断してしまいました。

この発言は後ほど追及され、「歴史教科書で教材にあった場合、生徒に指して読み上げることまでは否定されないという趣旨で答弁した」（二〇一七年四月一一日、松野文科大臣、日本共産党の吉良よし子参議院議員への答弁）とするなど事実上の訂正となりました。毎朝の朝礼での朗唱のことを聞かれたのに、あれは歴史教科書のことを答弁したのだという、笑うに笑えない訂正でした。

（4）立ちはだかった排除・失効決議

こうして安倍政権は、窮屈な形ですが、なんとか教育勅語の使用容認に舵をきろうとしました。しかし、それははじめから大きな矛盾をかかえていました。無条件に使用を容認すれば、教育勅語を「明らかに、基本的人権を損」なうと認定し、排除・失効を宣告した国会決議との整合性がとれなくなるからです。

そのため政府は、「憲法、教育基本法等に反しないような形で」と教育勅語を教材として使用できる範囲を限定しました。この限定は、実はつきつめていくと、「使用容認」といわれる範囲が限りなく狭くなる規定です。そのことが国会審議で明らかになっていきました。

一九四八年の通達は今なお生きている

まず国会審議のなかで、一九四八年の排除・失効決議についての現在の政府の立場があらためて確認されました。

政府は排除・失効決議そのものについて尋ねられると、そういう旨の国会決議があったことは「承知している」と、一見そっけなく答えます（例えば、前出逢坂議員への答弁書）。しかし、国会決議をうけて文部省じしんが出した四八年の通達（巻末参照）を尋ねられれば、「現在も同様」の取り扱いだと答弁します。

「御指摘の昭和二十三（一九四八）年の次官通知（通達に同じ――引用者）は、衆議院の教育勅語等排除に関する決議及び参議院の教育勅語等の失効に関する決議を受けて、その趣旨を徹底し、遺憾のないように万全を期すこと……中略……などを都道府県に通達したものでございます。教育勅語の取扱については現在も同様でありまして……後略」（義家文科副大臣、民進党・泉衆議院議員に、二〇一七年四月七日、衆議院内閣委員会）

また国会決議にたいする森戸辰男文部大臣の国会発言についても、現在なお引き継いでいると答弁しています。

「教育勅語については、昭和二十三年六月十九日の衆議院本会議において、当時の森戸文部大臣が、『教育勅語その他の詔勅に対しましては、教育上の指導原理たる性格を否定してきたのであります。このことは、新憲法の制定、それに基く教育基本法並びに学校教育法の制定によつて、法制上明確にされました。』と発言しているとおりであると考えております。」（松野文科大臣、日本共産党・大平喜信衆議院議員に、二〇一七年四月七日、衆議院文部科学委員会）

「唯一の根本としない」？

ところで、文科省はこの国会で、教育勅語について「我が国の教育の唯一の根本とするような指導を行うことは不適切である」と繰り返し答弁しました。

このフレーズ、見覚えないでしょうか。そう、一九四八年の通達の前、一九四六年の通牒（つうちょう）にあったものです（本書一〇〇ページ参照。全文は巻末資料）。この通牒は、教育勅語を道徳の唯一の根本とするのはまずいが、論語や聖書など古今東西のいくつかの根本の一つとして考えるのはいいという、あいまいさを残したものでした。国は一九四六年通牒を押し出し、一九四八年通達をなるべく隠しておきたいのかと勘繰りたくなるところです。

じっさい、民進党の泉議員が「教育勅語は使用しない」と述べた例の一九八〇年代の瀬戸山文部大臣の答弁について質問した際、文科省はわざと瀬戸山答弁の趣旨を「教育勅語を我が国の教育の唯一の根本として、戦前のような形で教育に取り入れ、指導しているとすれば問題」と説明しました（四月七日）。

これに対し、泉議員は一週間後の四月一四日、瀬戸山答弁には「唯一の根本」云々の部分は使われていない、これでは唯一の根本でなければ大丈夫となってしまうと詰め寄り、文部大臣に「先生御指摘のとおり表現がないということでございますから、その面に関しては、撤回を、修正をさせていただきたいと思います。」と撤回させています。

一九四六年通牒はまだ教育勅語を捨てきれない途上のものであり、排除・失効決議と矛盾します。一九四八年の通達こそが最終的に行き着いたものです。政府は、そのことを考慮すべきでしょう。

「等」のなかに一九四八年の通達が含まれる

いずれにせよ、政府は問われれば、一九四八年の通達の立場に立つことを答えないわけにはいきません。だとすれば、教育勅語を教材として使用できる範囲設定にも、一九四八年の通達が含まれなければなりません。

そのことを、民進党の泉健太議員の次の質問が明確にしました。

泉議員　大臣、端的にで結構でございます。今の「憲法や教育基本法等に反しないような」の「等」の中に国会決議〔一九四八年の排除・失効決議——引用者〕が入っているか。これはもうイエスかノーかの世界です。

松野文科大臣　決議が「等」に含まれるかという御質問に関しましては、これは決議でございますので、直接決議が「等」に含まれるわけではございませんが、その決議を受けて、通達として、この決議の趣旨を徹底するようにというのを出しておりまして、この通達が含まれるということでございます。（衆議院文部科学委員会、二〇一七年四月一四日）

「憲法や教育基本法等に反しない」とは、排除・失効決議の「趣旨徹底」をかかげた一九四八年の文部省通達に反しないことなのです。そのことが政府自身の口から明かされたことは、重要です。

一九四八年の国会決議と文部省通達は、内閣をいまなお縛るものとしてあり続けています。教育勅語の肯定的使用は、文科省の「使用可能」答弁によってもほんの少しも正当化されない。これが使用容認をめぐる国会審議の結論だと言えます。

(5) 中身を議論すればするほど

国会論戦の最後は、教育勅語の中身についてです。昔の議事録をみても、この分野の論戦は閣僚の教育勅語肯定の発言が起きるたびにおこなわれてきました。その特徴を紹介したうえで、第一九三国会の論戦に話をすすめたいと思います。

これまでの国会論戦から

これまで論戦はおもに二つの方面でたたかわれてきました。

一つは、教育勅語には「夫婦相和シ」など今も昔も通用する、いい内容があるという肯定論への批判です。

この方面で代表的なのは、高知県選出の日本共産党・山原健二郎衆議院議員の質問です。

大正生まれで、高校の国語教師でもあった山原氏は、すでに引用した『勅語衍義』の「夫婦相和シ」の解説部分などをひき、今の道徳とは全く違う思想ではないのかと批判します（一九七四年五月二二日、衆議院文教委員会）。

これに対して当時の奥野誠亮文部大臣は、自ら将来も変わらないと紹介した「夫婦相和シ」も、時代につれ変わるからいいのだと答弁します。時代で変わるのであれば、歴史的文献である教育勅語の「夫婦相和シ」は今日に通用しないものとなるのですが、その矛盾に答弁者が気づいている様子はありません。

いま一つは、教育勅語には誰が見ても批判しなければならない中身があるのではないか、という批判です。

この方面で典型的なものは、当時「日本は神の国」と発言した森喜朗総理（当時）と日本共産党委員長の志位和夫衆議院議員との論戦です。

志位議員　そこで、私は伺いたいのですが、教育勅語の中で、悪いこと、否定すべき部分、よいことを具体的な文言で挙げたのですから、悪い部分を具体的文言で挙げていただきたい。

森総理大大臣　私は、この論議をたしか国会のどこかでいたしましたときも、そういう皇国史観的なことを認めるわけにはいかないがと、あるいは超国家的な思想はよくないがということをたびたび申し上げておりますよ。

……中略……

志位議員　（教育勅語の）二つ目の固まりは、いわゆる徳目の一二項目が並んでいますね。その中で、「一旦緩急アレハ義勇公ニ奉シ」という部分があります。これは、いい徳目ですか、否定すべき徳目ですか。イエスかノーかでお答えください。

森総理大臣　先ほど申し上げましたように、夫婦でありますとか、兄弟でありますとか、あるいは父母にというところは、私は永遠のやはり大事な真理ではないかということを申し上げているのでありまして、いわゆる超国家的主義、あるいは国の命令で何をしてもいいんだとか、そういう考え方は当然否定すべきものだというのは当然じゃないですか。

志位議員　今述べた徳目の項目は否定すべき項目ですか、はっきりお答えください。

森総理大臣　当然否定すべきことじゃありませんか。（志位委員「否定すべきことではない」と呼ぶ）否定すべきことですと、こう申し上げているのです。

（二〇〇〇年五月二二日、衆議院決算行政監視委員会）

教育勅語にもいいところがあるという保守政治家も、いざその中身を一つ一つ確認されていくと弱いのです。「夫婦相和シ」は男尊女卑の説明がついてまわり、すべて擁護することはむずかしい。超国家主義的な部分は「一旦緩急アレハ……」など歴然としすぎていて、〝この部分はだめだ〟と言わざるをえません。

「どの部分が憲法に違反するか判断しない」

さて、第一九三国会ではどうだったでしょうか。

今回、文部科学省は教育勅語の内容の議論に入らないように、次のような工夫をしました。

宮本（徹）議員　きょう大臣にお伺いしたいのは、教育勅語の中で憲法に反しない部分というのは一カ所でもあるんでしょうか、その点を確認したいと思います。

松野文科大臣　お答えをいたします。

委員の方から、この内容に関して一カ所でも反しない部分があるかということでございますが、教育勅語に対しては、文部科学省の見解は、日本国憲法及び教育基本法の制定等をもって法制上の効力が喪失しているということでございまして、どの部分が憲法に反するか反しないかに関しての判断を文部科学省においてするものではないと考えております。（二〇一七年四月三日、衆議院決算行政監視委員会）

教育勅語はすでに法制上の効力を失い一般文書となった、一般文書というのは世界中にあれこれたくさんあり、その内容を政府はいちいち評価しない、だから、教育勅語の文言もいちいち評価しないというのです。

しかし、かつて政府の最高位にあった文章で、教育を誤らせ、憲法と相いれないとして排除・失効した歴史のある教育勅語は、ただの一般文書ではありません。現在の政府とも切っても切れない関係のある、かつての第一級の公文書です。

何より、これまで政府は先ほどの森総理のように、勅語のどの部分が憲法に反するか、堂々と論じていました。第二次安倍政権のときにも下村博文文科大臣は、「現憲法下における国民主権ということを考えれば、我ガ臣民という言葉は、これは適切でない」と答弁しています（共産党・宮本岳志議員へ、二〇一四年四月二五日、衆議院文教科学委員会）。

そのことを日本共産党の吉良よし子参議院議員に指摘され、「我ガ臣民」にもコメントできないのはおかしいと問いつめられた松野文科大臣は、「その臣民という言葉というのが、主権在民、国民主権と対する概念として使われるという表現の中においては、現行憲法にはふさわしくないと考えております。」と答弁しました（二〇一七年五月一六日、参議院文教科学委員会）。

なお、第一九三国会では、他の各閣僚も勅語の中身について持論を展開しています。以前から教育勅語をすべていいと評価していた稲田朋美防衛大臣（当時）は「教育勅語に流れているところの核の部分、そこは取り戻すべきだ」と述べ※（三月八日、参議院予算委員会、社民党・福島瑞穂議員へ）、他方、麻生太郎財務大臣は「皇運というところの一点が一番問題なのではないか」（四月四日、衆議院財務金融委員会、宮本岳志議員へ）と述べました。

※自衛隊という、憲法の遵守が高度に求められている実力組織を統括する大臣が、憲法と相いれないものとして排除・失効となった教育勅語を「取り戻すべき」と認識していることは、おそるべきことといわなければなりません。同時に、稲田答弁は、政府あるいは自衛隊を拘束するものではなく、「稲田防衛大臣が政治家個人としての見解を述べたものであると承知しており、当該答弁に関わるお尋ねについては、政府としてお答えする立場にない」（前出、初鹿明博衆議院議員への政府答弁書）ものでもあります。

文科省が「勅語の内容に着目」!?

一切コメントしないというのは、無理な話でした。しかも、文科省は同じ第一九三国会で、教育勅語の内容に積極的にコメントしていたのです。

「判断しない」と文科大臣が言い出す以前の、二月二三日の衆議院予算委員会で、藤江陽子・文科省審議官が、民進党の辻元清美議員に答えて次のように述べていました。

「教育勅語の内容の中には、先ほど御指摘もありましたけれども、夫婦相和し、あるいは、朋友相信じなど、今日でも通用するような普遍的な内容も含まれているところでございまして、こうした内容に着目して適切な配慮のもとに活用していくことは差し支えないものと考えております。」

藤江さんは判断しないどころか、内容に注目してしまっています。この藤江答弁はその後追及され、これはさすがにまずいと思ったのか、松野文科大臣が次のように軌道修正しました。

「教育勅語の文脈上においてという意味ではなく、個々の事例、夫婦関係であるとか親子関係であるとか友情に関することであるとか、そういったものに関しては現在においても価値があるということを審議官の方は説明したのではないかという旨、お話をさせていただいたところでございます。」(二〇一七年五月一六日、参議院文教科学委員会、民進党の神本美恵子議員へ)

勅語の文脈で述べたのではなく、夫婦関係、親子関係、友情は大切だということを言ったのだろうというのです。勅語の内容に着目したはずの答弁は、勅語の文脈上においてではないものにさせられました。苦しい言い訳ですが、勅語の文脈上で徳目は語らないという答弁は大切です。

「夫婦相和シ」に「違和感」

「夫婦相和シ」も取り上げられました。

民進党の神本美恵子参議院議員は、『勅語衍義』を使い、「夫婦相和シ」は、女性の未権利の上に父や夫に従えという考え方がある、それは今日でも通用する考え方かとただしました。

加藤勝信・男女共同参画担当大臣は、「今朗読いただきました部分、全てを私が解釈できたわけではありませんけれども、聞く限り違和感、一部違和感があったというのはそのとおりであります。」と答弁しました（二〇一七年四月一三日、参議院内閣委員会）。男女平等の考え方がここまで浸透した日本では「違和感あり」と言わざるをえないでしょう。

文科大臣には、日本共産党の吉良参議院議員が同様の質問をおこない、松野大臣は「吉良先生の方からお話があった男女同権、男女平等というのが当然の原則だという御指摘はそのとおりであると思います」と答弁しています。

教育勅語の中身に入ると論戦が不利になる。こう考えて「判断しない」と予防線をはった文科省でしたが、そこに意味や定義がある以上、結局その予防線は破られざるをえませんでした。「朕惟（ちんおも）フニ……」など主権在民と相いれない部分が議論されれば、やはりそれは現在の憲法の立場からみて否定しなければならないものだとなります。そして、教育勅語を支持する人々が拠り所としている「夫婦相和シ」などの徳目は、その実態が語られれば語られるほど、その立場を失っていきました。

教育勅語の中身こそ、教育勅語のアキレス腱――第一九三国会は、そのことを以前の論戦のうえに、明らかにしたといえます。

批判的に扱う以外にない

さいごに一言。教育勅語を教材として使用するとしたら、政府が言うように、排除・失効決議に基づき、憲法に反しないように、批判的におこなう以外にありません。そのことを全国で実際におこなうためには、教育勅語をきちんと読み、それが主権在民の原則と相いれないこと、排除・失効決議のことを知ることが必要です。そのことに本書が役に立つことを願って筆を置きます。

あとがきに代えて――教育勅語のあとの、道徳

藤森　毅

教育勅語は、戦前の道徳目標でした。では、それがなくなった後、道徳をどうするのかの問いが当然うまれます。教育勅語の誕生から廃止までを書きながら、考えたことの一端を書き、あとがきにかえたいと思います。

本書に書いた通り、勅語にかわる道徳目標をつくろうという考えは、勅語排除の時から生まれました。実際に幾度かの提案もありました。

しかし、それらはことごとく失敗におわり、今日にいたっています。これからも成功の見込みはありそうもありません。

私は、そのことに大きな意味を感じました。

そう、国や〝偉い人〟が道徳目標を定める時代ではない。一人ひとりが、自分なりの道徳をつくっていく時代なのだと。トレンドは、〝上からでなく下から〟。〝自分なりの道徳〟が大事な時代です。

そのことを時期的にもっとも早く、かつ切実に訴えたものに、一九四六年の、丸山眞男を一躍有名にした論文「超国家主義の論理と心理」があると思いました。

ノンポリだった丸山は一高の学生時代、ふらっと立ち寄った唯物論研究会の公開講演会で逮捕され刑事に殴られ、国家暴力に恐怖します。東大に就職した後も、特高警察の訪問を定期的に受けます。三〇歳、助教授のときには、報復的と思われる召集令状が届きます。幹部候補生に志願すれば将校になれたのを、自らの意思で軍隊に加わるわけでないと志願せず、朝鮮で陸軍二等兵として地獄のような体験もします。

その丸山が、「敗戦後、半年も思い悩んだあげく」書いた論文です。

論文は、日本の超国家主義の思想構造あるいは心理的な基盤を、「諸々の断片的な表現や現実の発現形態」を通じて分析したものですが、今読み返すと、丸山は教育勅語のことを語り通していると思えるほどです。

少し丸山の論をみておきましょう。

教育勅語で人々の価値観を決定した国家は、一人ひとりの価値観には干渉しないとされる近代国家と正反対の国家です。丸山が最も言いたかったのは、そういう国家のもとでは、人間は内なる倫理をもたなくなる、ということでしょう。倫理はぜんぶ国家から出てくるのですから。内面の深みからくる強い自我ではなく、外的な権威に依存してつくられる脆（もろ）い自我。しかも、その中身は官吏が〝これがお国のため〟と決定する。こうしたもとでは、自分の利益と天皇の利益とが一体化し、自分への反対者を「天皇に対する侵害者とみなす傾向」がうまれます。「縦の究極的価値への従属性の意識に基づくことから生じる病理現象」もおきます（旧日本軍）。それは、「上からの圧迫感を下への恣意（しい）の発揮によって順次移譲していくことによって全体のバランスが維持される」社会でもあります。

丸山は、日本人が「内なる倫理」をもつためには、そうした「論理と心理」とたたかわなければならない、と自分に言い聞かせたのだと思います。一人ひとりが、「内なる倫理」＝自分なりの道徳をつくっていくうえで、教育勅語は反面教師としての役割をはたします。その面からも、教育勅語はもっと読まれてもいいと思いました。

今年二〇一七年、忖度（そんたく）という言葉が流行語になりました。官僚が総理の意向を忖度して、総理夫妻の「お友達」に億単位の便宜をはかる。原資は国民の税金です。国民は忖度されず、法の正義は後景にしりぞきました。官僚たちの「忖度」には、権威への依存というDNAが流れていると見たほうがよさそうです。これは官僚ですむ話でありません。多くの職場や学校で、そうした種類の「忖度」がないと、誰が言えるでしょうか。「空気を読め」と自由にモノを言わせない雰囲気も、「忖度」の裏返しです。

国家は国民の価値観を統制しないはずでしたが、それも怪しくなりだしました。

じつは国は以前から、子どもむけには道徳内容を詳細に決定してきました（学習指導要領の「道徳」）。大人には道徳を命令できない国は、子どもならいいのだといわんばかりです。弱い立場のものから順に自由がうばわれます。しかも今年から教科化し、道徳教科書となることで、これまで以上の権力を獲得しました。その一例が、「国を愛する態度」などを育成するという理由で、パン屋を和菓子屋に書き換えた教科書です。

すべての道徳教科書で採用された教材に「かぼちゃのつる」という読み物があります。かぼちゃ畑のかぼちゃは、つるをぐんぐん伸ばします。そっちへのびてはダメと、ミツバチなどに注意されます。犬は怒って道に伸びたつるを踏みつけもします。それでもかぼちゃはつるを伸ばします。そして車が通り、かぼちゃのつるを轢き、かぼちゃは「いたいよお、いたいよお。」と泣きます。そんな物語です。「かぼちゃはわがままでいけないよね。」と子どもに言わせるのが目標です。「元気であいさつ」「きもちいい生活」などが散りばめられている教科書は全体で、わがままはだめだと暗示をかけているかのようです。

そこでは、決められたルールが権威で、その前にひれ伏すのが人間です。ルールはみんなでつくり変えていくもの、つくってはいけないルールもあるということは念頭にありません。ここには、自分たちはルールを伝達する特権的な側で、庶民はひたすらルールを守らせればいいという、ダブルスタンダードも透けて見えます。特権的な側はルールには鷹揚で、その一部は確信犯的にルールを無視するものです。

〝自分なりの道徳〟は、個人の内面に手がかりを求めるというより、教育勅語や道徳教科書がその反面教師としてあるように、社会的なものに手がかりを求めたほうがよさそうです。

私はそこには大きく分けて、二つの事柄がひそんでいるのではないかと思っています。一つは、一人ひとりが「ありのままの自分であること」の大切さです。それは〝自分なりの道徳〟の出発点です。ルールから出発する道徳は、虚構であり虚偽です。「ありのままの自分であること」は、個人の内面の問題でなく、じつはとても社会的なことで、そのために人々はたたかってきたともいえます。それは日本国憲法の言葉でいえば「個人の尊厳」です。日本国憲法は「個人の尊厳」を守るために、人民が国家に課した命令の書と読めます。そして、自らに「個人の尊厳」があるように、他者にも「個人の尊厳」があります。その感覚こそが、他者へのやさしさをうみます。かぼちゃは基本的に、好きなようにつるを伸ばせばいいのであり、踏みつけたり、轢いたりするほうが考えものという発想の幅が欠かせないでしょう。

いま一つは、社会の正義です。人々は「個人の尊厳」を傷つけるものとたたかってきました。相手がまだただの個人ならいいですが、就職先だったり、政府だったり、あるいは公害や戦争などの巨大な不幸だったりします。社会の中で生きる人間は、社会に正義がなくては生きていけません。それをまとめたものが、世界的規模でいえば、国連憲章や国際人権規約、ＩＬＯ（国際労働機関）条約、子どもの権利条約などなどです。日本には憲法があり、そのもとで人権を守る法律があります。これらをまとめれば、社会の正義となるでしょう。

社会の不正義を視野の外において、自分の心の中だけをみつめさせようとするような道徳では困ります。そうではなくて、たとえば高校生がブラックバイトに泣き寝入りせず労働契約を調べて立ち上がるような、社会正義とコミットする道徳が求められているのだと思います。


この本は、はからずも戦前から戦後への変化を考える旅となりました。不十分な形ですが、それが出来たことは、これまでお世話になった多くのみなさんとの関わりなしには考えられないことです。出版を引き受けていただいた新日本出版社の角田真己さんには、本を手にとりやすい形にする貴重なアドバイスをいただきました。何より予定通りにすすまない原稿類を辛抱強く待っていただきました。巻末資料にある一九四八年の国会審議は、『議会と自治体』誌の高阪由紀江さんが議事録にあった誤字などを改めたものを使わせていただきました。記してお世話になった方々への謝意をあらわします。さらに、この本の意外な収穫となった二〇一七年の国会論戦を担われた国会議員とそのスタッフのみなさんに、感謝とエールを送ります。

あとがき

佐藤広美

藤森毅さんから、教育勅語について、一緒に本を書いてみませんか、というお誘いを受けました。藤森さんとご一緒できるのでしたら、よろこんでお手伝いさせて下さい、とすぐにお引き受けしました。

子どもの教育と政府の教育政策について、「注意を全体に漂わす」（フロイト）姿勢を大切にしながら問題の根本を解こうとする藤森さん。そんな藤森さんとのおしゃべり（時にお酒も入って）はいつも楽しいものでした。そして人間のモラルって何かな、という問いにいつも二人は行きついていったように思います。今回は、その人間のモラルと切り離せない教育勅語という問題を考えることでした。短い期間で、やっとの思いで書いた論考で、ご迷惑をおかけしましたが、藤森さんには感謝申し上げます。

今回、書かせてもらってあらためて気づかされたことは、教育勅語の問題の核心は教育における人間像をどう描くことかな、ということでした。

教育勅語の復活が、どうしてこんなにも人々の話題になり続けてきたのでしょうか。それはまた、来年度（二〇一八年度）から始まる小学校における道徳教科書の使用と深いところで関係があるようにも思います。

これは、教育勅語の本質や戦前にはたした役割がどんなにひどいものであったのかがわかったとしても、なお、残る問題ということでしょうか。

うまく表現ができないのですが、保守的な人ばかりでなく、一般の人々にも存在する、勅語的なるものを復活させてもいいのではないのかという、そういう願いの根拠を解き明かさなければならないという問題の性質のことです。言葉を換えれば、教育勅語には賛成できないと明確な意思表示をおこなえたとしても、それだけでは片づかない問題のことです。私たちの心の内に残る未来への「こうして生きていきたい」という願望の底を探らなければ、教育勅語問題はとうてい解決しないという考え方なのです。何かを求め、何かが欠けている、満たされない思い。満たされない現状の中に生きて、何かを求める。その願いに応えなければならない。そういう問題の在処（ありか）を感じるのです。それは、おそらく、教育における人間的価値の究明に関連しているはずなのだと思うのですが（勝田守一「教育における人間像の条件について」『思想』一九五一年四月、参照）。

『教育勅語』（朝日新聞社、一九八〇年）を書いた山住正己は、日本の民衆が、封建的身分という枠を越えて新しい人間像を描き、そこへ向けて教育を進めるという積極的な姿勢に欠けていた、それが教育勅語を成立させた根本的な原因であったと述べています。民衆はみずから積極的な人間像をもつことができなかった。それ故に、国家目的にかんたんに埋没してしまったというわけです。

どうしても、新しい人間像を求めなければならない。そのように、思うようになりました。新しい人間像は、上から与えられてはならない。日本の現実そのものの中から、苦しみ、悩んでいる親と子どもと教師たちによって、生みだされていかなければならない。そうした新しい人間像をどう描くのか、これが大切な課題であると思うにいたりました。

主な参考文献等

文部省　『国体の本義』

井上哲次郎　『勅語衍義』

佐藤秀夫編　『続・現代史資料　教育　御真影と教育勅語　Ⅰ・Ⅱ・Ⅲ』みすず書房、一九九四年〜九六年

片山清一編　『資料・教育勅語』高陵社書店、一九七四年

山住正己　『教育勅語』朝日新聞社、一九八〇年

海後宗臣　「教育勅語成立史研究」一九六五年（『海後宗臣著作集　第一〇巻　教育勅語成立史研究』東京書籍、一九八一年に採録）

岩本努　『教育勅語の研究』民衆社、二〇〇一年

森川輝紀　『増補版　教育勅語への道』三元社、二〇一一年

瀧井一博　『明治国家をつくった人びと』講談社現代新書、二〇一三年

　　『教育刷新委員会／教育刷新審議会　会議録　第六巻』岩波書店、一九九七年

鈴木英一　『日本占領と教育改革』勁草書房、一九八三年

鈴木英一編　『資料　教育基本法30年』学陽書房、一九七八年

山住正己・堀尾輝久　『教育理念　戦後日本の教育改革2』東京大学出版、一九六七年

鈴木英一　『教育行政　戦後日本の教育改革3』東京大学出版、一九七〇年

伊ケ崎暁生・松島栄一　『日本教育史年表』三省堂、一九九〇年
教育史学会　『教育勅語の何が問題か』岩波書店、二〇一七年
丸山眞男　『増補版　現代政治の思想と行動』未来社、一九六四年
苅部直　『丸山眞男』岩波新書、二〇〇六年
宮原誠一他　『資料日本現代教育史』１、４　三省堂、一九七四年
国会会議録検索システム

資料

戦前のもの

■文部省『国体の本義』（抄）

（一九三七年、引用は、「第一　大日本国体」の「三、臣節」の冒頭部分）

三、臣節

我等は既に宏大無辺の聖徳を仰ぎ奉つた。この御仁慈の聖徳の光被するところ、臣民の道は自ら明らかなものがある。臣民の道は、皇孫瓊瓊杵ノ尊の降臨し給へる当時、多くの神々が奉仕せられた精神をそのまゝに、億兆心を一にして天皇に仕へ奉るところにある。即ち我等は、生まれながらにして天皇に奉仕し、皇国の道を行ずるものであつて、我等臣民のかゝる本質を有することは、全く自然に出づるのである。

我等臣民は、西洋諸国に於ける所謂人民と全くその本性を異にしてゐる。君民の関係は、君主と対立する人民とか、人民先づあつて、その人民の発展のため幸福のために、君主を定めるといふが如き関係ではない。然るに往々にして、この臣民の本質を謬り、或は所謂人民と同視し、或は少くともその間に明確な相違あることを明らかにし得ないもののあるのは、これ、我が国体の本義に関し透徹した見解を欠き、外国の国家学説を曖昧な理解の下に混同して来るがためである。各々独立した個々の人間の集合である人民が、君主と対立し君主を擁立する如き場合に於ては、君主と人民との間には、これを一体ならしめる深い根源は存在しない。然るに我が天皇と臣民との関係は、一つの根源より生まれ、肇国以来一体となつて栄えて来たものである。これ即ち我が国の大道であり、従つて我が臣民の道の根本をなすものであつて、外国とは全くその撰を異にする。固より外国と雖も、君主と人民との間には夫々の歴史があり、これに伴ふ情義がある。併しながら肇国の初より、自然と人とを一にして自らなる一体の道を現じ、これによつて弥々栄えて来た我が国の如きは、決してその例を外国に求めることは出来ない。こゝに世界無比の我が国体があるのであつて、我が臣民のすべての道はこの国体を本として始めて存し、忠孝の道も亦固よりこれに基づく。

我が国は、天照大神の御子孫であらせられる天皇を中心として成り立つてをり、我等の祖先及び我等は、その生命と流動の源を常に天皇に仰ぎ奉るのである。それ故に天皇に奉仕し、天皇の大御心を奉体することは、我等の歴史的生命を今に生かす所以であり、こゝに国民のすべての道徳の根源がある。

忠は、天皇を中心とし奉り、天皇に絶対随順する道である。絶対随順は、我を捨て私を去り、ひたすら天皇に奉仕することである。この忠の道を行ずることが我等国民の唯一の生きる道であり、あらゆる力の源泉である。されば、天皇の御ために身命を捧げることは、所謂自己犠牲ではなくして、小我を捨てて大いなる御稜威に生き、国民としての真生命を発揚する所以である。天皇と臣民との関係は、固より権力服従の人為的関係ではなく、また封建道徳に於ける主従の関係の如きものでもない。それは分を通じて本源に立ち、分を全うして本源を顕すのである。天皇と臣民との関係を、単に支配服従・権利義務の如き相対的関係と解する思想は、個人主義的思考に立脚して、すべてのものを対等な人格関係と見る合理主義的考へ方である。個人は、その発生の根本たる国家・歴史に連なる存在であつて、本来それと一体をなしてゐる。然るにこの一体より個人のみを抽象し、この抽象せられた個人を基本として、逆に国家を考へ又道徳を立てても、それは所詮本源を失つた抽象論に終るの外はない。

排除・失効の国会決議

■教育勅語等排除に関する決議

（一九四八年〈昭和二三年〉六月一九日衆議院本会議）

民主平和国家として世界史的建設途上にあるわが国の現実は、その精神内容において未だ決定的な民主化を確認するを得ないのは遺憾である。これが徹底に最も緊要なことは教育基本法に則り、教育の革新と振興とをはかることにある。しかるに既に過去の文書となつている教育勅語並びに陸海軍軍人に賜わりたる勅諭その他の教育に関する諸詔勅が、今日もなお国民道徳の指導原理としての性格を持続しているかの如く誤解されるのは、従来の行政上の措置が不十分であつたがためである。

思うに、これらの詔勅の根本理念が主権在君並びに神話的国体観に基いている事実は、明かに基本的人権を損い、且つ国際信義に対して疑点を残すもととなる。よつて憲法第九十八条の本旨に従い、ここに衆議院は院議を以て、これらの詔勅を排除し、その指導原理的性格を認めないことを宣言する。政府は直ちにこれらの詔勅の謄本を回収し、排除の措置を完了すべきである。

右決議する。

■教育勅語等の失効確認に関する決議

（一九四八年〈昭和二三年〉六月一九日参議院本会議）

われらは、さきに日本国憲法の人類普遍の原理に則り、教育基本法を制定して、わが国家及びわが民族を中心とする教育の誤りを徹底的に払拭し、真理と平和とを希求する人間を育成する民主主義的教育理念をおごそかに宣明した。その結果として、教育勅語は、軍人に賜はりたる勅諭、戊申詔書、青少年学徒に賜はりたる勅語その他の諸詔勅とともに、既に廃止せられその効力を失つている。

しかし教育勅語等が、あるいは従来の如き効力を今日なお保有するかの疑いを懐く者あるをおもんばかり、われらはとくに、それらが既に効力を失つている事実を明確にするとともに、政府をして教育勅語その他の諸詔勅の謄本をもれなく回収せしめる。

われらはここに、教育の真の権威の確立と国民道徳の振興のために、全国民が一致して教育基本法の明示する新教育理念の普及徹底に努力を致すべきことを期する。

右決議する。

文部省の通達類※

※本書では、一九四六年のものを通牒、一九四八年のものを通達と書き分けたが、その呼称区分は厳格でなく、通牒も通達も意味は同じ。書き分けは、より多く呼ばれた呼称による。公文書原文には通牒、通達といった文字はなく、巻末資料でそのことを示すことにした。

■「勅語及詔書等の取扱について」

（一九四六年〈昭和二一年〉一〇月八日）　文部次官

標記の件に関して往々疑義をもつ向もあるから左記の通り御了知の上御措置相成り度い。

一、教育勅語を以て我が国教育の唯一の淵源となす従来の考へ方を去つて、これと共に教育の淵源を広く古今東西の倫理、哲学、宗教等にも求むる態度を採るべきこと。

一、式日等に於て従来教育勅語を奉読することを慣例としたが、今後は之を読まないことにすること。

一、勅語及詔書の謄本等は今後も引続き学校に於て保管すべきものであるが、その保管及その奉読に当つては之を神格化するやうな取扱をしないこと。

■「教育勅語等の取扱について」

（一九四八年〈昭和二三年〉六月二五日）文部次官

「教育ニ関スル勅語」その他の勅語、詔書等の取扱に関しては、昭和二十一年十月八日付発秘三号をもつて通ちようしたが、今般衆、参両院において別紙のような決議がなされたから、その趣旨徹底について遺憾のないよう万全を期せられたい。

なお、本省から交付した「教育に関スル勅語」等の謄本で貴管下学校等において保管中のものを貴職において取りまとめのうえ、左記様式〔略〕による返還書を添え、至急本省へ返還方処置されたい。

右以外の勅語、詔書についても前記決議の趣旨に則り適当な処置を講ぜられたい。

排除・失効決議にいたる国会審議

■排除決議の際の森戸辰男文部大臣の演説

（一九四八年〈昭和二三年〉六月一九日、衆議院本会議議事録）

ただいま本院の御採択になりました教育勅語等排除に関する決議に対し、私は文教の責任者として深甚の敬意と賛意を表するとともに、一言所見を申し述べたいと思います。

敗戦後の日本は、国民教育の指導理念として民主主義と平和主義とを高く掲げましたが、同時に、これと矛盾せる教育勅語その他の詔勅に対しましては、教育上の指導原理たる性格を否定してきたのであります。このことは、新憲法の制定、それに基く教育基本法並びに学校教育法の制定によつて、法制上明確にされました。本院のこのたびの決議によつて、あらためてこの事実を確認闡明せられましたことは、まことにごもつともな次第であります。この際私は、この問題に関しまして文政当局のとつてきました措置と、本決議に含まれた要請に処する決意とを申し上げたいと存ずるのであります。

詔勅中最も重要である教育勅語につきましては、終戦の翌年、すなわち昭和二十一年三月三日、文部省は省令をもつて国民学校令施行規則及び青年学校規程等の一部を停止いたしまして、修身が教育勅語の趣旨に基いて行わるべきことを定めた部分を無効といたしました。次いで同二十一年十月九日、文部省令において国民学校令施行規則の一部を改正いたしまして、式日の行事中、君ケ代の合唱、御真影奉拝、教育勅語捧読に関する規定を削除いたしました。この行政措置によりまして、教育勅語は教育の指導原理としての特殊の効力を失効いたしたのであります。昭和二十一年十一月三日新憲法が公布され、これに基いて、翌二十二年三月教育基本法が制定せられることになりましたが、この法律は、その前文において、これが日本国憲法の精神に則り教育の目的を明示して、新しい日本の教育の基本を確立するためのものであることを宣言いたし、教育の基本原理がこれに移つたことを明らかにいたしました。学校教育法が制定され、それと同時に、国民学校令以下十六の勅令及び法律が廃止されたのであります。これらの立法的措置によりまして、新教育の法的根拠が教育基本法及び学校教育法にあることが積極的に明らかにされておるのであります。

さらに思想的に見まして、教育勅語は明治憲法を思想的背景といたしておるものでありますから、その基調において新憲法の精神に合致しがたいものであることは明らかでありま す。教育勅語は明治憲法と運命をともにいたすべきものであります。かような見地から、昭和二十一年十月八日以後、文部省は次官通牒をもつて、教育勅語を過去の文献として取扱い、かりそめにもそれらを神格化することのないように、注意を喚起いたしたのであります。

かようにして教育勅語は、教育上の指導原理としては、法制上はもちろん、行政上にも、思想上にも、その効力を喪失いたしておるのでありますが、その謄本は、今日なお学校に保管されることになつておるのであります。ところが、この点につきましては、永年の習慣から誤解を残すおそれもあり、また将来濫用される危険も全然ないとは申されません。

そこで、今回の決議に基いて、文部省より配付いたしました教育勅語の謄本は、全部速やかにこれを文部省に回収いたし、他の詔勅等も、決議の趣旨に副うて、しかるべく措置せしめる所存であります。かくいたしまして、真理と平和とを希求する人間を育成する民主主義教育理念を堅くとることによつて、教育の刷新と振興とをはかり、もつて本決議の精神の実現に万全を期したいと存じておる次第でございます。（拍手）

■松本淳造議員（「教育勅語等排除に関する決議案」提出者）の趣旨弁明（抄）
（一九四八年〈昭和二三年〉六月一九日、衆議院本会議議事録）

……われわれは、その教育勅語の内容におきましては、部分的には真理性を認めるのでありますけれども、それを教育勅語のわくから切り離して考えるときには真理性を認めるのでありますす。勅語というわくの中にあります以上は、その勅語そのものがもつところの根本原理を、われわれとしては現在認めることができないという観点をもつものでありまする点を認めまして、われわれはこの教育勅語を廃止する必要があると考えざるを得ないわけであります。それが憲法第九十八条にも副わないゆえんでありますので、この際この条規に反すけであります。これは単に国内的の視野においてのみ見るのではなくして、国際的の視野においてもこれを見ます場合に、特に明らかにしておくことが必要でありますので、本日衆議院は、院議をもつてこれらの諸詔勅を排除し、その指導原理的性格を認めないことを宣言し、政府をしてただちにこれら詔勅の謄本を回収せしめ、この際はつきりと排除の措置を完了せしめたいと思うのであります。

■羽仁五郎議員の討論（抄）

（一九四八年〈昭和二三年〉五月二七日、参議院文教委員会議事録）

……第一に教育勅語が如何に間違つて有害であつたかということは、道徳の問題を君主が命令したということにあるわけであります。これは極く最近の、去る五月二十六日の朝日新聞の「天声人語」の中にもそういうことが述べられておりますが、この教育勅語が作られた時に、その制定に関係した井上毅法制局長官が、教育勅語の公布に反対していたことは注目してよい。井上が山縣首相に送つた手紙には、今日の立憲政体の主義に従えば、君主は臣民の心の自由に干渉すべきでない。哲学上の問題は君主の命令によりて定まるべきものに非ず。従つて徳育に関することを勅語として発令することに反対し、山縣の反省を求めておる。という点を書いておりますが、この点に重大な問題があつたわけなのであつて、ですからこの内容が先つきからおつしやつておつた議論の中にもありましたが、教育勅語に述べられておる内容には、内容的には反対する必要がないものもあるというようなお考えもありましたが、そういう点に問題があるのでなくて、たとえ完全なる眞理を述べておろうとも、それが君主の命令によつて強制されたという所に大きな間違いがあるのである。だから内容に一点の瑕瑾がなくても、完全な眞理であつても、専制君主の命令で國民に強制したというところに間違いがある。從つてやがては全く違つたことが、専制君主の命令によつて命ぜられて、國民が率いてこれに従わざるを得ないで今日の不幸を招いたというところに、重大な原因があつたということを明らかにして、國民は自発的にこれを痛切な批判を以てこれを廃止する。そうして將來再びこういう間違いを繰返さないということが要請されておるのではないかと考えます。で、この点を是非國会としても明らかにして頂きたいというのが私の希望であります。

〔編集部注……漢字は新字体にしました〕

1914（大正３）	7・28	第１次世界大戦
1923（大正12）	9・1	関東大震災
1931（昭和６）	9・18	「満州事変」（15年戦争始まる）
1937（昭和12）	5・31	文部省『国体の本義』
	7・7	「日支事変」（日中全面戦争）
1941（昭和16）	4・1	国民学校発足（国家主義強まる）
	12・8	太平洋戦争
1945（昭和20）	4・1	米軍、沖縄上陸
	8	広島（６日）、長崎（９日）に原爆投下
	8・14	ポツダム宣言受諾（15日に玉音放送）
	10・15	前田多聞文相、「教育勅語の謹読」訓示
1946（昭和21）	1・1	天皇人間宣言
	3・31	米国教育使節団報告書、勅語奉読停止
	4	日本側教育家委員会、新教育勅語奏請
	10・8	文部次官通牒「勅語及詔書等の取扱について」（奉読禁止。唯一の淵源とはせず）
	11・3	日本国憲法公布
1947（昭和22）	3・31	教育基本法公布・施行
1948（昭和23）	6・19	衆議院「教育勅語等の排除決議」 参議院「教育勅語等の失効確認決議」
	6・25	文部次官通達「教育勅語等の取扱について」（排除・失効決議の趣旨徹底求める）

略年表

年	月・日	出来事
1872（明治５）	2	福沢諭吉『学問のすすめ』
	8・3	学制（旧暦。近代学校開始、皆学という理念）
	11・28	徴兵令（皆兵という理念）
1874（明治７）	1・17	民選議院設立建白書（自由民権運動）
1879（明治12）	8～9	政府内で徳育論争（「教学聖旨」、伊藤博文「教育議」、元田永孚「教育議附議」）
	9・29	教育令（自由教育令、欧米の影響）
1880（明治13）	12・28	教育令改正（欧米化の是正）
1882（明治15）	1・4	軍人勅諭
1889（明治22）	2・11	大日本帝国憲法
1890（明治23）	2・26	地方長官会議、徳育について「建議」
	5・17	文相が芳川顕正に交替（勅語作成へ）
	10・30	「教育ニ関スル勅語」
1891（明治24）	1・9	内村鑑三不敬事件
	6・17	小学校儀式規定（御真影と勅語の徹底）
	9・2	井上哲次郎『勅語衍義』
1892（明治25）	11～12	柏木義円「勅語と基督教」（キリスト者の抗議広がる）
1894（明治27）	8・1	日清戦争
1904（明治37）	2・10	日露戦争
1906（明治39）	3	島崎藤村『破戒』
	7	石川啄木「雲は天才である」
1910（明治43）	6・1	大逆事件（翌年、幸徳秋水ら死刑）
	8・22	日韓併合条約調印（朝鮮の植民地化）

佐藤広美（さとう・ひろみ）
1954年、北海道生まれ。東京家政学院大学教授、教育科学研究会事務局長。東京都立大学大学院博士課程満期退学、都立大助手、東京家政学院大学家政学部助教授を経て現職。著書に『21世紀の教育をひらく――日本近現代教育史を学ぶ』（2008年、緑蔭書房）『総力戦体制と教育科学』（1997年、大月書店）など。

藤森 毅（ふじもり・たけし）
1960年、東京生まれ。東京大学教育学部卒業（教育史教育哲学コース）。日本共産党文教委員会責任者。
著書に『教育の新しい探究』（2009年、新日本出版社）『いじめ解決の政治学』（2013年、同前）『教育委員会改革の展望』（2015年、同前）など。

教育勅語を読んだことのないあなたへ――なぜ何度も話題になるのか

2017年12月20日　初　版

著　者　佐藤広美
　　　　藤森　毅
発行者　田所　稔

郵便番号　151-0051　東京都渋谷区千駄ヶ谷4-25-6
発行所　株式会社　新日本出版社
電話　03（3423）8402（営業）
　　　03（3423）9323（編集）
info@shinnihon-net.co.jp
www.shinnihon-net.co.jp
振替番号　00130-0-13681
印刷・製本　光陽メディア

落丁・乱丁がありましたらおとりかえいたします。

ISBN978-4-406-06176-6　C0037　Printed in Japan